18. 7. '03

l mio dolce Tesoro,
spero bene tutto quello che ... remo al
egeio la nostra futura cose
Ti amo
Barbara

feng shui

Carlo Amedeo Reyneri di Lagnasco

feng shui

DVE ITALIA S.P.A. – MILANO

Nonostante la massima cura posta nella redazione di quest'opera, né l'editore né l'autore possono assumersi alcuna responsabilità per le informazioni fornite nel testo. Si consiglia, in caso di problemi specifici – spesso unici – di ogni singolo lettore, di consultarsi con persona qualificata per ottenere le informazioni più complete, più precise e più aggiornate possibili.

Progetto grafico della copertina: Design 3

Foto e disegni a cura dell'autore, salvo diversa indicazione

Se desiderate ricevere il nostro catalogo ed essere informati sulle nostre nuove pubblicazioni scriveteci al seguente indirizzo:

DVE ITALIA S.p.A.
20124 Milano – Via Vittor Pisani, 16

Prefazione

di Maurizio Corrado

Mircea Eliade, il noto studioso di storia delle religioni, sostiene che l'evento più importante per l'occidente moderno è stato l'incontro con le culture extraeuropee; il cambiamento, messo in atto da questo incontro, può essere paragonato a quello generato da Cristoforo Colombo con la sua scoperta: dopo il 1492, si allargarono di colpo i confini del mondo conosciuto e vennero in luce territori più vasti dell'Europa, la quale a sua volta diventò immediatamente "vecchia" in relazione alle "nuove" terre. Allo stesso modo, nel Novecento non è più possibile parlare di una sola cultura: il nuovo panorama, nel quale la cultura, l'economia e l'uomo comune si muovono quotidianamente, è rappresentato dalla molteplicità, dalla presenza simultanea di diverse potenti correnti di pensiero frutto di un'esperienza millenaria. La nuova concezione della realtà, proposta dalla scienza in modi differenti, è assimilabile a una totalità, a un flusso in continuo divenire; sta venendo meno la scissione tra soggetto e oggetto, tra spirito e materia, profondamente radicata nella cultura occidentale e responsabile di una concezione frammentaria del reale, come fosse costituito da elementi indipendenti fra loro. Dopo la teoria della relatività e quella quantistica non è più possibile mantenere divisi l'osservatore e l'osservato: essi devono essere considerati aspetti indivisibili di un movimento unico e continuo, un fluire universale di avvenimenti e processi. L'analogia fra queste posizioni e quelle di alcune tradizioni dell'oriente o dell'uomo preindustriale sono evidenti e già ampiamente puntualizzate dai ricercatori più attenti. La globalizzazione, propria della sfera economica, nella quale il panorama è già da tempo planetario, quasi corrisponde a una presa di coscienza più completa dell'esperienza umana: l'uomo comincia ad avvertirsi come specie, con abitudini e destini simili. Nel Novecento è avvenuto questo passaggio, nel quale le esperienze si sono incontrate per proseguire insieme; la ricerca sullo spazio ha incontrato il Feng Shui, che sta integrando i metodi progettuali occidentali con attenzioni e conoscenze derivate da secoli di pratica quotidiana della organizzazione dello spazio. La persona comune vi troverà consigli ed esperienze concrete, il tecnico, se riuscirà a togliersi l'armatura positivista, potrà cominciare a usare le facoltà e le tecniche necessarie al nuovo panorama dell'abitare.

Il Feng Shui rispecchia l'armonia della natura, dove tutto sembra collocato con un ordine semplice e prestabilito

Introduzione

Da sempre l'uomo ricerca l'armonia all'interno degli spazi in cui vive; ciò era sicuramente più facile quando si viveva immersi nella natura, poiché la casa, la seconda pelle dell'uomo, non era altro che una grotta, una capanna di frasche o ancora un rifugio su di un albero, che non poneva alcun distacco tra gli elementi naturali e l'essere umano.

Il concetto di armonia nello spazio si esprime attraverso il pieno e completo rapporto energetico tra gli elementi che compongono l'ambiente e i fruitori dell'ambiente stesso.

Questo rapporto avviene nel migliore dei modi quando tra le due componenti, ambiente e uomo, non vi è alcun distacco, ma tutte le informazioni sono trasmesse attraverso la sottile rete sensoriale che li unisce: l'uomo immerso nella natura vive a pieno la sensazione di dolce benessere trasmessa da un prato d'erba sotto i piedi o di dura stabilità provata nel toccare una roccia.

Nel momento in cui all'ambiente naturale l'uomo ha cominciato a sostituire una realtà che sempre di meno si integrava con il preesistente, sia per i modi in cui era concepita, sia per gli elementi con cui veniva realizzata, il contatto diretto con tutte le sollecitazioni della natura è venuto a mancare: l'essere umano ha perso in tal modo le sue istruzioni per vivere.

Per capire meglio questo concetto, si deve immaginare di prendere un bambino, abituato a vivere in un ambiente di cui conosce ogni cosa, perché i suoi sensi hanno imparato a familiarizzare con tutto quello che lo circonda, e portarlo in un altro spazio che nulla abbia a spartire con quello precedente. Il bambino avrà un profondo senso di smarrimento e proverà un acuto disagio con ripercussioni a livello fisico, razionale ed emozionale.

La stessa cosa è capitata all'uomo, quando non è più stato in grado di mantenersi in comunicazione con il cielo e con la terra, la sua casa naturale, e ha tradito il suo destino di essere con i piedi radicati al terreno e la testa fra le nuvole, simbolo di una crescita verso l'alto.

Questo manuale di Feng Shui raccoglie e spiega i principi di quest'arte millenaria cinese, capace di ripristinare e vivere l'armonia con lo spazio; si tratta di un'interessante guida alla comprensione della natura umana più profonda e del suo rapporto con tutto quello che la circonda e con cui costantemente dialoga.

All'inizio è necessario un breve collegamento con la storia e con la filosofia orientale che è alla base delle discipline sia di carattere scientifico che di carattere artistico, in particolare per il concetto di universalità, che mette in rapporto ogni singolo elemento con il tutto; quindi, il libro analizza i diversi aspetti dell'abitare, partendo dal luogo dove si trova la casa, fino all'arredamento dei singoli ambienti.

Questo lavoro non è solo una guida alla conoscenza del Feng Shui, ma anche un pratico aiuto a chi vuole guardare lo spazio in cui abita con maggiore consapevolezza e applicare tutti gli accorgimenti possibili al fine di viverlo nella massima armonia.

Si è dato spazio a disegni e illustrazioni che aiutino la comprensione di quanto descritto e facilitino una lettura anche per specifici argomenti di interesse personale.

Il consiglio per apprezzare a pieno il manuale è quello di lasciarsi trasportare con la massima apertura di pensiero attraverso le sue pagine e di far riaffiorare piano in sé tutte le conoscenze relative allo spazio abitativo, che erano assopite dentro la natura di uomini moderni.

L'acqua è il motore naturale dell'energia vitale

L'arte del Feng Shui

Il mondo cinese definisce tutte le discipline, sia scientifiche che artistiche, arti, volendo sottolineare la completa partecipazione di tutti gli aspetti dell'uomo, fisici, intellettivi, emozionali e spirituali, in ogni emanazione della sua natura.
Gli antichi maestri potevano avere una specializzazione nell'arte della medicina oppure in quella dell'astronomia, ma la loro conoscenza spaziava in tutte le altre arti-scienze del mondo conoscitivo.
Per questo si parla del Feng Shui come di un'arte che si occupa di armonizzare gli spazi in relazione a chi li abita, tenendo conto di molteplici aspetti, architettonici, geologici, medici, astrologici, astronomici, artistici e psicologici, senza dimenticare il valore affettivo che il focolare domestico ha per ognuno.
L'armonia, che il Feng Shui ricerca in ogni situazione, si ottiene rendendo attiva la vita in tutti gli aspetti della natura umana che sono in rapporto con il mondo che la circonda.

L'arte del Feng Shui racchiude in sé diverse discipline che la rendono estremamente completa

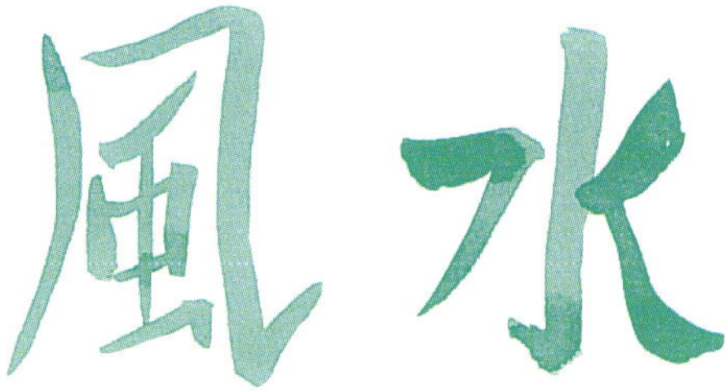

Gli ideogrammi che compongono il termine Feng Shui rappresentano rispettivamente il vento e l'acqua, i motori dell'energia universale

I principi del Feng Shui

Il termine **Feng Shui** è la trascrizione di due ideogrammi che indicano rispettivamente il vento (Feng) e l'acqua (Shui), intesi non solo come elementi naturali, ma come motori dell'energia universale, **Ch'i**, il soffio vitale che pervade tutte le forme di vita nell'universo. Vento e acqua sono, in effetti, gli elementi che determinano la presenza o meno della vita su tutta la superficie terrestre; infatti, le prime grandi civiltà della storia, quelle dell'Egitto e della Mesopotamia, si sono sviluppate vicino a corsi d'acqua con la presenza di vento tranquillo.

Un lago situato in una zona dove non soffia mai il vento, che crea il moto ondoso e permette il ricambio dell'acqua, si trasforma in palude, dove non esiste più la vita, ma gli elementi sono in decomposizione. Viceversa, una valle con un bel corso d'acqua, ma battuta da un vento forte e costante, non ha alcuna forma di vita, perché l'aria tende a spazzare via tutto. Gli elementi vento e acqua, perché vi sia armonia in un determinato luogo, devono essere entrambi presenti e in equilibrio: su questo principio si basa il Feng Shui.

conformazione orografica e idrografica della superficie.
Il territorio, infatti, a seconda della presenza di rilievi montagnosi, corsi e bacini d'acqua, pianure e colline, assorbe in modo diverso l'energia del cielo.
Le montagne fungono da antenne ricetrasmittenti, che captano l'energia e la ridistribuiscono sul territorio circostante; a una più elevata altezza della montagna corrisponde un maggiore accumulo di energia: di questo ci si rende conto salendo verso l'alto e percependo l'atmosfera sempre più rarefatta e leggera, quasi celestiale.

Il percorso dell'energia

Vento e acqua sono i motori sulla terra dell'**energia universale**, ma bisogna anche conoscere il percorso che questa energia compie nella sua circolazione.
L'energia dell'universo, costituita dai pianeti, dalle stelle, dalle costellazioni, dalla luna e dal sole, si riversa sulla terra e viene percepita in ogni punto di essa a seconda della

Torino, secondo il Feng Shui, rappresenta un corretto esempio di scelta del sito per fondare una città: protetta da alte montagne alle spalle, è affiancata da colline degradanti sui lati e situata alla confluenza dei fiumi Po, Dora Baltea e Dora Riparia. Aperta all'energia del nord attraverso i valichi, Torino è stata iniziatrice di molte attività, che però con il passare del tempo muovono verso altre zone, come indica il flusso delle acque che di qui dipartono

Le piramidi

Lo stretto legame, che esiste tra l'energia delle stelle e gli elementi sul territorio, era conosciuto oltre che dai cinesi, anche dagli egizi. In assenza di montagne che fungessero da ripetitori dell'energia del cielo, realizzarono le piramidi e per far sì che la loro funzione fosse la migliore possibile, le collocarono in corrispondenza delle stelle cui facevano riferimento. Una recente teoria dimostra, infatti, che le tre piramidi della Piana di Giza, le famose piramidi di Cheope, Chefren e Micerino, sono allineate rispetto al Nilo in modo da riprodurre sulla terra esattamente la disposizione delle tre stelle che formano la cintura di Orione rispetto alla Via Lattea.

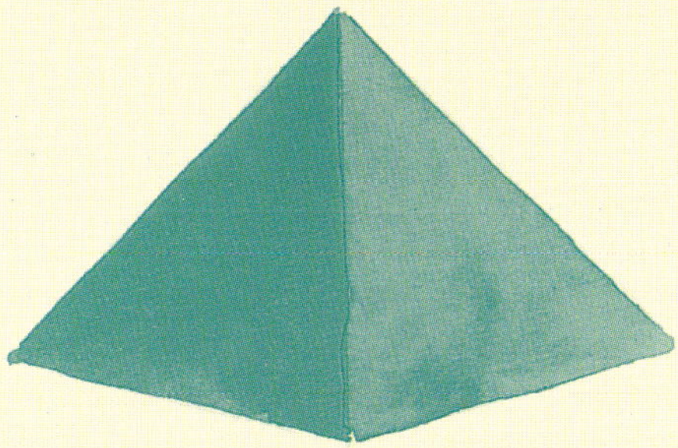

Le piramidi, proprio per la loro forma, fungono da antenne riceventi dell'energia cosmica, che poi distribuiscono sul territorio circostante

La funzione dei mari, dei laghi e dei fiumi, invece, è quella di accogliere l'energia riflessa dalle montagne e far sì che tutta l'area circostante ne possa beneficiare; il rallentamento dell'energia da parte degli elementi idrografici è fondamentale, perché il suo flusso non corra via senza avere il tempo di distribuirsi uniformemente.
Per meglio comprendere l'importante funzione svolta sia dalle montagne che dai corsi d'acqua, bisogna immaginare una palla che si trova sulla cima di un rilievo e che comincia a rotolare verso valle; più la cima è elevata, più la palla acquista velocità e quindi energia. Arrivata a valle, però, deve incontrare qualcosa che la rallenti, altrimenti nessuno sarà in grado di fermarla e di giocare con essa, sfruttando così l'energia accumulata nella discesa. Il freno della corsa della sfera rotolante, carica di energia, è proprio l'acqua che si trova a valle.
L'uomo, una realtà tra cielo e terra, beneficia dell'energia diretta che proviene dall'alto e di quella riflessa che viene dal basso. Più sono equilibrate le due forze, più l'uomo è in armonia con il suo spazio e con le sue dimensioni, quella fisica (terra) e quella spirituale (cielo). Quando predomina l'energia del cielo, l'attività dell'essere umano diventa più meditativa: non a caso i monasteri sono collocati in alto sulle montagne, proprio vicino al cielo.
Quando è superiore l'energia della terra pochi sono gli slanci spirituali, ma ci si dedica di più ad attività di tipo commerciale e lavorativo.
Oltre a montagne e corsi d'acqua sono importanti le valli, le pianure, i boschi, le pietraie e tutti quegli elementi del territorio che concorrono a condizionare il percorso dell'energia.
L'insieme di tutti questi elementi diventa materia di studio e di indagine da parte del Feng Shui, per poter determinare l'energia in ogni punto della terra e individuare il sito più adatto per localizzare una costruzione dell'uomo che sia in completa armonia con tutto quello che lo circonda.

Applicazioni del Feng Shui

Dunque, il Feng Shui, studiando le energie dei vari luoghi e il loro rapporto con le persone che li abitano, ricerca la più completa armonia. Quest'arte si applica a situazioni ambientali diverse in rapporto all'uomo:

- un luogo naturale, senza preesistenti costruzioni dell'uomo, dove realizzarne una nuova;
- un ambiente naturale dove si trova una casa da sistemare;
- un paese in una determinata posizione;
- una città in una determinata posizione;

- un edificio in un paese o in una città;
- un appartamento in un edificio;
- una zona in un appartamento o in una casa.

Nel caso di un luogo naturale, senza alcuna costruzione, dal momento che la sua energia è determinata dalla conformazione fisica, l'esperto di Feng Shui analizza la presenza di quegli elementi che fanno parte del paesaggio e che condizionano il flusso dell'energia.
Dall'attento studio del territorio, oggetto del capitolo dedicato alla morfologia dell'ambiente, il geomante individuerà lo **Xue**, il luogo più armonioso dell'area, in cui collocare la nuova costruzione.
In un luogo immerso nella natura, già con la presenza di una costruzione, l'analisi verifica l'energia che si irradia sull'abitazione e sul suo benessere in relazione agli abitanti. Da questa indagine si può constatare la necessità di effettuare dei cambiamenti sia all'esterno che all'interno dell'abitazione, in modo da ottenere il miglior equilibrio possibile; infatti, l'elemento creato dall'uomo viene inserito nell'equilibrio già esistente di un sistema naturale e non sempre, purtroppo, la sensibilità dei costruttori è tale da attuare un corretto adattamento, con inevitabili ripercussioni sia sul nuovo edificio, che sul territorio circostante. L'esperto di Feng Shui ristabilisce l'armonia del sito in relazione a coloro che vi abitano.
Quando si analizza un paese o una città, è molto interessante constatarne le caratteristiche intrinseche derivate proprio dalla localizzazione in un determinato territorio.
Alcuni detti popolari, prendendo spunto senza saperlo da questa antica conoscenza dell'energia del sito, definiscono le caratteristiche predominanti degli abitanti di un determinato luogo e di una certa città, o di chi vive in pianura piuttosto che in montagna; può sembrare strano, ma anche questo è Feng Shui.
I casi più frequenti oggi di applicazione del Feng Shui sono quelli relativi all'analisi interna di realtà costruite: un edificio

Un ottimo esempio di integrazione tra gli elementi naturali e la realtà costruita dall'uomo: sulle rive del fiume Arno si affacciano le abitazioni di Firenze, stagliando i loro profili sul cielo che si prepara al tramonto

Il profilo di Sydney si specchia in una baia naturale fra le più grandi del mondo; alla forte presenza dell'elemento acqua si affiancano i grattacieli, che rappresentano un altro tipo di energia, in perfetto rapporto con quello dell'acqua

in una città, un appartamento in un edificio e, infine, un ambiente in un appartamento.

L'energia del cielo in questi casi non corre più sulla terra attraverso valli, fiumi e pianure, ma si distribuisce per strade, piazze, scale di palazzi e corridoi di appartamenti.

Se la terra si modifica con il passare del tempo e con la costruzione di insediamenti abitativi, anche il cielo si muove: pianeti e costellazioni, trovandosi in posizioni diverse rispetto alla terra, determinano un cambiamento dell'energia che da essi proviene.

Il misterioso abbandono di città da parte dei cinesi trova una spiegazione proprio nel cambiamento dell'energia del cielo: a nulla sarebbe valso restare in un luogo con un'energia vitale insufficiente, determinando un lungo, ma inevitabile decadimento. Meglio allora cambiare l'insediamento della città, spostandola in un luogo dove per secoli sarebbe stata il centro di comando del grande impero.

D'altra parte, se si pone attenzione all'influenza dell'energia astrale sulla vita, si può vedere come il carattere di ognuno sia determinato dal giorno e dall'ora di nascita, vale a dire dalla configurazione astrologica del momento preciso in cui si viene alla luce.

L'importanza maggiore attribuita alla conformazione terrestre, piuttosto che alla disposizione astrologica, ha dato origine a due scuole di studio dell'arte del Feng Shui: la scuola della forma e la scuola della bussola.

La **scuola della forma** si basa sull'analisi delle forme del territorio per determinare l'energia presente in un luogo; si tratta della scuola più antica nella pratica del Feng Shui, nata proprio dalla semplice osservazione della natura e dalle sensazioni che essa trasmette all'uomo quando la ascolta con tutto il corpo.

La **scuola della bussola**, invece, fa riferimento a uno strumento chiamato **Lo Pan**, di forma circolare, su cui sono riportati in anelli concentrici, una serie di elementi che servono al geomante per calcolare l'energia del luogo; in italiano semplificando lo si può chiamare "bussola". L'energia viene analizzata in relazione ai dodici segni zodiacali, agli otto trigrammi dell'I Ching, all'orbita solare, all'eclittica lunare, ai cinque elementi collegati ai cinque pianeti e ad altri aspetti ancora.

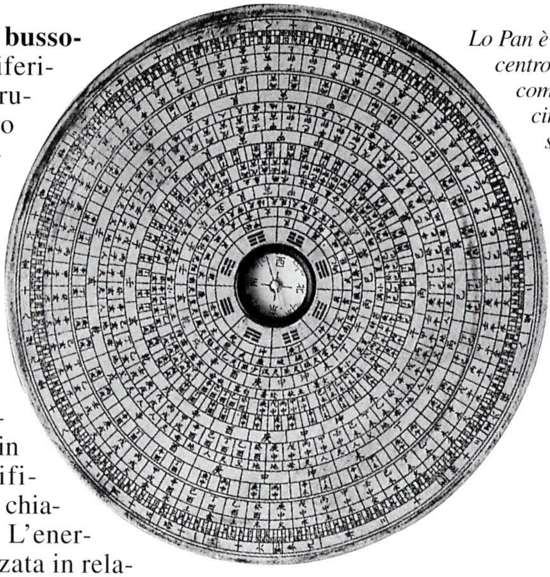

Lo Pan è la bussola geomantica; al centro si trova l'ago che indica il sud, come è in uso nella tradizione cinese. Tutto intorno alla bussola si trovano i principali trigrammi di misurazione, quindi le otto direzioni, i segni zodiacali e altri codici e simboli che servono a interpretare l'energia del sito. Più sono le indicazioni contenute sulla bussola, maggiore è la precisione del consulto; alcuni maestri hanno bussole con 36 cerchi concentrici

Le due scuole oggi non sono più così distanti come una volta, poiché l'esperto di Feng Shui le pratica entrambe; storicamente è bene essere a conoscenza del fatto che ogni maestro interpretava l'analisi del sito in un certo modo, dando una propria impronta all'insegnamento rivolto ai suoi discepoli.

Vista dall'alto di Firenze: le costruzioni, le torri e le cupole costituiscono gli elementi del paesaggio dove scorre l'energia della città, dalle colline fin dentro gli appartamenti

I TESTI ANTICHI

Vengono qui riportati alcuni dei testi fondamentali e più antichi relativi all'arte del Feng Shui.

Li Chieh, *Ying Tsqo Fa Shih*, Sung 1103.

Ting Tshai Yuan, *Fa Wei Lum*, Sung 1170.

Chi Wang, *San Tshai Thu Hui*, Ming 1609.

Lei Chen Meng, *Thu Shu Chi Cheng*, Ching 1726.

STORIA

Le origini del Feng Shui sono antichissime e, come tutte le arti insegnate dai maestri, la sua tradizione è stata tramandata oralmente ai discepoli, che dovevano frequentare per anni il maestro prima di impararla.
La prima codificazione scritta dei fondamenti dell'arte del Feng Shui si trova nell'*Enciclopedia imperiale* che risale alla fine dell'epoca della dinastia Ming (1620 d.C. circa): in essa vengono indicate le nove stelle principali cui fare riferimento per la ricerca del luogo ideale, per la collocazione delle tombe, dal punto di vista dell'energia.
In origine, infatti, il Feng Shui viene applicato allo studio della forma e della localizzazione della tomba. Questo fatto può essere spiegato con il significato che gli antichi saggi cinesi attribuivano alla tomba: essa rappresenta l'estremità di un filo sottile che collega gli antenati morti, che continuano a vivere sotto la forma di energia, ai discendenti, che vivono sulla terra. La scelta di una corretta posizione della tomba ha sostanzialmente due funzioni:

- aiuta l'antenato nel suo buon inserimento nell'aldilà; lo fa accettare nel regno dei morti, da cui l'antenato può aiutare i vivi;
- fa in modo che la buona energia dell'antenato si possa trasmettere ai discendenti, in un legame che si allunga per sette generazioni, rendendo l'albero genealogico forte e valido per intere dinastie.

Il rapporto di legame naturale tra padre e figlio, espresso nelle molecole del Dna, è simile a quello che vi è tra la tomba dell'antenato e la casa del discendente; quest'ultima è come la pianta cresciuta sulla radice che è la tomba.

Se si sistema dal punto di vista dell'energia la casa, si sistemano le foglie, se si colloca correttamente la tomba, si sistemano le radici, da cui dipende la vita di tutto l'albero.
(maestro Ming Wong)

Esiste in relazione alla tomba una particolare simbologia collegata alla sua forma; gli antichi cinesi solitamente utilizzavano le tombe a tumulo, che si innalzano dal terreno, ma la forma più antica di sepoltura era costituita dalla tumulazione in grotte alla base di montagne, dimostrando come alla base di questo culto dei morti ci fosse il rapporto uomo-grotta.
L'universo è come una grotta, un enorme utero in cui risiede la vita nascosta, quella che non si percepisce con i sensi. Anche la terra è come una grotta, l'utero della grande madre da cui tutta la vita del mondo si genera.
La sepoltura nelle grotte poste sotto le montagne rappresentava, quindi, il ritorno nell'utero della madre terra, da cui riprende nuovamente origine la vita, in un ciclo continuo di nascita e di morte, come quello dell'universo senza fine.
La grotta costituisce anche un canale dell'energia della terra, un elemento della rete di punti attraverso cui il Ch'i circola sul piane-

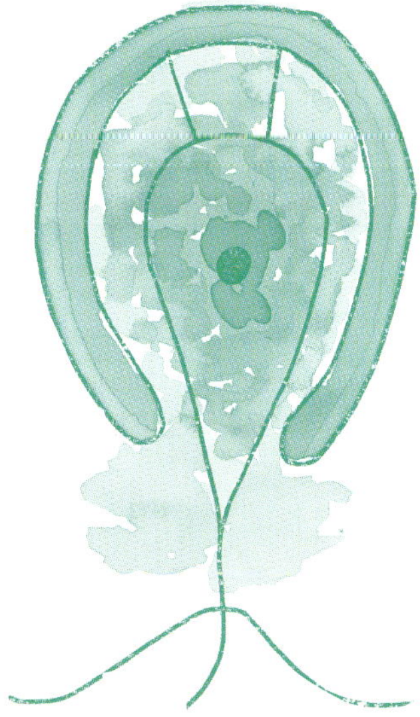

*Disegno della grotta, come viene illustrato nell'*Enciclopedia imperiale *della dinastia Ming; la grotta rappresenta l'utero della madre terra, dove nasce la vita*

ta; la giusta collocazione della tomba in uno di questi punti nodali della circolazione dell'energia equivale a trovare la giusta sposa per alimentare la discendenza.
La prima codificazione dell'arte del Feng Shui, dunque, prende origine dal punto fondamentale dell'armonia universale: la continuità del ciclo dell'esistenza nel susseguirsi di vita e di morte; la tomba rappresenta la continuità della vita, prima della scelta del luogo per la casa. Dal sito in cui collocare la tomba, l'arte del Feng Shui, sempre nell'*Enciclopedia* della dinastia Ming, offre le indicazioni necessarie per la scelta della posizione della casa, in genere il palazzo dell'imperatore o la dimora di notabili, per la realizzazione della sua struttura e per l'arredamento dei vari locali.
Come tutte le arti della cultura tradizionale cinese, il Feng Shui è stato messo al bando dopo la rivoluzione di Mao: i maestri, accusati di praticare strani rituali magici, sono stati costretti a fuggire per non subire persecuzioni. L'arte del Feng Shui è emigrata allora nella vicina Hong Kong, a Taiwan, a Singapore, dove continua a svilupparsi sulla base della tradizione originaria. La città stessa di Hong Kong è nata e si sviluppa proprio in base ai principi del Feng Shui, applicati anche alle più moderne e avveniristiche costruzioni che la caratterizzano.
Da Hong Kong, poi, lo studio del Feng Shui si è diffuso anche in occidente, dove ora è facile trovare maestri, soprattutto negli Stati Uniti e nei paesi anglosassoni.
Terminata l'epoca della rivoluzione, anche in Cina si è ripreso a parlare di Feng Shui, soprattutto nella sua applicazione a templi e luoghi sacri; nelle città, però, sulla scia di un boom edilizio fondato sull'uso del cemento armato, che poco tiene conto dell'energia del cielo, tutto l'insegnamento è quasi stato dimenticato.

Tempio taoista nella provincia di Wuhan nella Cina centrale: tipico esempio di costruzione tradizionale cinese perfettamente inserita in un giardino rigoglioso

La vista aerea di un sito.
La rappresentazione in pianta che i cinesi facevano di una realtà tridimensionale avveniva mediante il ribaltamento di 90° delle figure sul foglio. Le linee segmentate indicano i rilievi montuosi più elevati, le curve dolci le colline e le figure tondeggianti il fondovalle. L'energia è più rarefatta a livello delle montagne, come si vede dall'intensità più lieve dell'effetto cromatico, mentre è più densa a fondovalle

Il centro di Kuala Lumpur, capitale della Malesia, è stato organizzato e costruito seguendo i principi del Feng Shui anche per gli edifici più moderni

L'IMPERATRICE E LA GROTTA

Nelle dinastie imperiali dell'antica Cina l'imperatrice era considerata la grotta dove si sviluppava la vita dell'erede al trono. Per tale motivo la scelta sbagliata della moglie dell'imperatore avrebbe causato la fine della dinastia. Un medico imperiale era incaricato dell'esame delle forme del seno, della vagina e dell'utero della futura imperatrice per stabilire, in base alle "virtù della sua grotta", la sua vitalità, la carica di energia vitale per fornire eredi alla discendenza.

DALLA CINA ALL'OCCIDENTE SULLE VENE DEL DRAGO: IL RINNOVATO INTERESSE PER L'ARMONIA DELL'ABITARE

Il drago, animale della mitologia cinese che nasce nelle acque e si libra verso il cielo, è simbolo di una forza e di una potenza senza alcun limite spazio-temporale.
Le vene del drago sono i canali entro cui scorre questa energia illimitata; essi corrono per tutta la superficie terrestre, senza interruzione di continuità.
I cinesi sono molto attenti a non tagliare le vene del drago, perché sanno che ciò comporta sventura e distruzione.
Sulla strada tracciata dalle vene del drago la cultura orientale si trasferisce in occidente, dove trova un fertile terreno in cui impiantarsi e crescere: ciò è favorito dal bisogno della cultura occidentale di ritrovare le proprie origini e dalla voglia di riscoprire l'antica tradizione del sano abitare.
Anche in occidente, nell'antichità, si sapeva perfettamente quali erano i luoghi più opportuni per costruire, si seguivano le fasi lunari per la semina e non si potavano gli alberi se non al momento opportuno: la vita era regolata da cicli di crescita e di contrazione, nella massima armonia con le leggi dell'universo.
Vitruvio, scrittore d'epoca romana, nel suo trattato *De architectura* sostiene che l'architetto deve avere conoscenze, oltre che di tecnica delle costruzioni, anche di geologia, astronomia, astrologia, medicina, fino a saper comprendere il ritmo e la musica, che aiutano a creare l'euritmia.
L'arte del Feng Shui giunge in occidente e lo affascina, perché fa in modo che tutti tornino a guardare con occhio più attento e animo più sensibile la realtà legata all'abitare: gli uomini non vogliono più essere intrappolati in contenitori, dove ritirarsi la sera, ma abitare case che sono una seconda pelle, come un corpo aggiunto al di fuori di quello umano, costituito da elementi che sono in sintonia con le emozioni dell'uomo.
Il Feng Shui usa un linguaggio che parla al profondo dell'animo umano e usa simboli che sono conosciuti quasi per natura; se studiato e applicato, permette di riscoprire se stessi dentro la propria abitazione.

Il drago è il simbolo dell'energia forte e dirompente che dà vita al mondo; è l'elemento di comunicazione tra la terra e il cielo, perché vive nell'acqua, ma è anche in grado di librarsi in volo

I PRINCIPI BASE DEL FENG SHUI

Il Feng Shui fonda i suoi principi sul pensiero filosofico che è alla base di tutte le arti e scienze dell'estremo oriente e che le considera parti di un tutto organico; in occidente, invece, ogni espressione artistica o scientifica viene vista come una disciplina a sé stante, con propri principi e metodi specifici.
Fondamentale per il pensiero cinese è il concetto di macrocosmo che inserisce tutti gli elementi, dall'essere più piccolo a quello più grande, in un universo in cui tutto è rapportato al resto e ogni modificazione del singolo si ripercuote sull'intero sistema.
Per capire meglio tutto ciò vengono ora presi in analisi i concetti di base di questo affascinante mondo, per l'occidente molto lontano sul piano razionale, ma naturalmente molto vicino per quanto riguarda la natura umana.

Sopra, l'antica rappresentazione del simbolo del Tai Ch'i, in un tempio taoista di Chengdu nella Cina centrale

IL TAO

L'ideogramma **Tao** significa "la via, il cammino", e rappresenta il modo in cui tutti i fenomeni accadono. La sua definizione è però solo simbolica, in quanto rappresenta lo scorrere dell'acqua, il crescere di una pianta, il risveglio della sensibilità di alcune parti del corpo, tutte azioni che sono conosciute, ma che non hanno una rappresentazione materiale, se non nel risultato dell'azione stessa: il Tao è proprio questo divenire in continuo movimento, di cui si può parlare solo per immagini.
La vita dell'universo procede

Il simbolo del Tai Ch'i rappresenta le energie Yin e Yang nel loro continuo relazionarsi per creare la grande energia vitale. La parte chiara rappresenta lo Yang, con una parte di Yin al suo interno, mentre la parte scura rappresenta lo Yin, con una parte di Yang al suo interno

attraverso il Tao, così come la vita dell'uomo ha un suo divenire in rapporto con gli spazi che abita; tutto diviene come lo scorrere dell'acqua nel fiume, tutto si modifica accanto all'uomo ed egli si modifica in rapporto a quello che lo circonda.

Yin e Yang

L'eterno movimento è regolato da due motori, la contrazione e l'espansione, lo **Yin** e lo **Yang**. Alla base del pensiero taoista sta il principio della polarità, di cui Yin e Yang sono gli elementi opposti e complementari, perché dall'esistenza di entrambi dipende la vita di ognuno: non si può percepire il buio se non ci fosse la luce, non si potrebbe avere la sensazione di freddo o di salato se non esistessero gli opposti caldo e dolce.

Gli opposti non rappresentano una situazione di conflitto, ma soltanto di complementarità; infatti, l'eliminazione di uno dei due significherebbe la scomparsa dell'altro.

La teoria alla base del principio di Yin e di Yang si fonda sulla cosmogonia cinese che si esprime in termini di energia. Dall'energia primordiale indifferenziata, definita numericamente con zero, l'inizio e la fine all'interno del cerchio, nasce un punto di irraggiamento dell'esistenza, cioè l'uno. Questo elemento si polarizza e si divide in due per dare origine allo Yin e allo Yang, da cui viene creato tutto l'esistente.

L'universo è possibile perché ci sono i due opposti che creano un equilibrio costante, ma dinamico; alla notte segue il giorno, all'estate l'autunno, alla nascita la morte: un ciclo continuo che regola la vita nell'alternanza di elementi, che con la loro energia creano il movimento.

Allo stesso modo si crea l'armonia nello spazio per abitare: tutto quello che vi è contenuto ha una sua energia, che lo caratterizza e che viene distinta in elemento Yin e in elemento Yang.

Yin rappresenta la luna e la parte più intima della natura umana, mentre Yang è il sole e l'aspetto luminoso, solido ed energetico dell'uomo.

Yin simboleggia la terra, la notte, il riposo, il freddo, il femminile, e ancora i numeri dispari, la contrazione e la morte; rappresenta la tigre, cioè l'energia delle valli e dei corsi d'acqua. Nelle costruzioni sono Yin i cimiteri e i luoghi di culto.

Yang simboleggia il cielo, il giorno, l'attività, il caldo, il maschile, e ancora i numeri pari, il movimento e la vita stessa; rappresenta il drago, cioè l'energia delle montagne e dei rilievi. Nelle costruzioni sono Yang gli edifici alti, le grandi strutture e tutto quello che è maestoso.

Nella casa abbiamo zone Yang, come la cucina e il soggiorno, mentre sono Yin la camera da letto e il bagno. Dopo un'intensa giornata di lavoro, fase Yang, è bene riposare profondamente per riequilibrarci, fase Yin; al risveglio si riattivano le energie del corpo con una sana colazione consumata nella cucina, l'ambiente per eccellenza Yang per la costante presenza di fuoco.

Il simbolo che rappresenta Yin e Yang è un uovo in cui tuorlo e albume sono ben distinti con il colore nero e bianco, come due pesci che scivolano uno sull'altro. All'interno della parte nera c'è un pallino bianco, mentre all'interno di quella bianca c'è un pallino nero, a testimoniare che nello Yang c'è una parte di Yin, come nello Yin ce n'è una di Yang. Questo simbolo rappresenta la natura mutevole di Yin e Yang e sottolinea il fatto che queste due forze sono sempre in movimento in modo da creare il cambiamento, pur restando sempre in equilibrio.

Il Ch'i

La vita, il soffio vitale dell'universo, che è sempre in armonia nel continuo cambiamento di Yin e Yang, viene chiamato **Ch'i**.

Il Ch'i è l'energia che entra nel corpo al momento della nascita e che lo abbandona alla morte; è la vita che entra nel seme per farlo diventare albero e che si muove negli spazi della casa per far sentire bene chi la abita. Si tratta di un flusso di energia elettromagnetica che non si può verificare con il solo uso dei sensi; di essa ci si rende conto quando ci si sente più vitali o si provano determinate sensazioni in un particolare momento o in uno specifico ambiente.

La medicina e la filosofia di tutto il mondo orientale fanno riferimento a questo fenomeno energetico chiamato Ch'i dai cinesi,

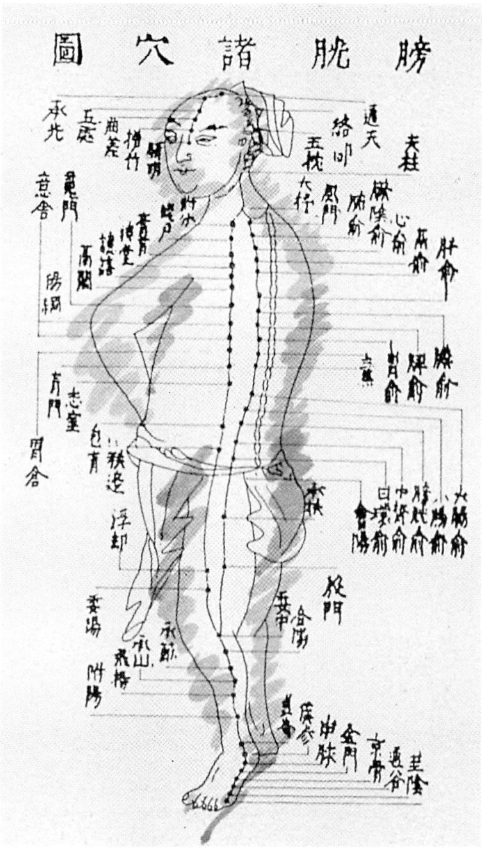

Rappresentazione dei canali di circolazione dell'energia nel corpo umano; la medicina tradizionale cinese individua dodici canali energetici che connettono tutte le parti dell'organismo e i vari organi

Ki dai giapponesi e Prana dagli indiani. Nel corpo umano vi sono canali lungo i quali questa energia si muove; a seconda di questo movimento si determinano delle situazioni di benessere o malessere non solo a livello fisico, ma anche psicologico ed emotivo: questo fatto è chiaro a chi si è sottoposto a un trattamento shiatsu o a una seduta di agopuntura, quando oltre a un benessere nel corpo ha riscontrato anche un cambiamento a livello emotivo. Si determina in tali situazioni un mutamento del livello energetico nel corpo, che genera un conseguente miglioramento delle condizioni generali.

Il Ch'i circola in ogni parte dell'universo, comprese le abitazioni, irrorando il luogo in base alle sue caratteristiche morfologiche e strutturali. Come nel corpo umano il Ch'i deve circolare in ogni punto per creare la situazione di benessere, allo stesso modo deve poter fluire in ogni angolo di una casa perché questa sia armoniosa.

L'esperto di Feng Shui analizza proprio la condizione energetica del sito o dell'ambiente e applica le correzioni e le modifiche necessarie, perché la situazione energetica sia riequilibrata; tale situazione deve tener conto anche della giusta corrispondenza dell'energia con chi abita in quel luogo.

Il campo energetico umano, definito scientificamente **aura**, non è confinato all'interno del corpo, ma lo circonda per uno spessore variabile da 10 centimetri a un metro: esiste un continuo interscambio e un reciproco influsso fra l'ambiente e la persona che lo abita.

Due esempi possono rendere più chiaro questo concetto. Se si entra in un ufficio dove è appena avvenuta una lite, si percepisce un'atmosfera che si definisce "pesante": si tratta del nervosismo che hanno riversato nell'ambiente le persone che hanno appena avuto il diverbio. Analogamente quando si entra in certe chiese, si prova quasi la sensazione che il corpo non esista e ci si volge alla meditazione e alla introspezione, dimenticandosi di dove ci si trova: le energie di quel luogo inducono alla contemplazione.

La vita di ogni essere vivente e di ogni luogo è caratterizzata dal Ch'i, che l'esperto di Feng Shui analizza e studia per ristabilire l'armonia che è alla base della vita dell'universo.

I cinque elementi

Il Ch'i nella sua manifestazione assume le caratteristiche di cinque trasformazioni di energia Ch'i o più semplicemente **cinque elementi**, che corrispondono ai movimenti compiuti dall'energia nel suo ciclo di continua trasformazione nell'equilibrio dinamico di Yin e Yang.

La vita, in tutte le sue forme, interagisce con il cielo e viene condizionata dal ciclo di questi cinque elementi, permettendo all'uomo di entrare in armonia con l'ambiente e con se stesso.

L'acqua è l'elemento indispensabile alla presenza della vita sulla terra e costituisce il 70% dei tessuti del corpo umano; l'arte del Feng Shui armonizza questo elemento con le costruzioni dell'uomo, come avviene perfettamente nella baia naturale di Sydney

Ciascuno dei cinque elementi descrive un particolare tipo di energia, assimilata per facilitare la comprensione all'atmosfera tipica di una stagione: l'anno per i cinesi comprende cinque stagioni, aggiungendone una a cavallo tra l'estate e l'autunno, chiamata "fine estate" o "principio d'autunno".

Ogni periodo è associato a un elemento ben preciso, che descrive ulteriormente la qualità di quello specifico tipo di energia: legno, metallo, fuoco, acqua e terra.

Un albero in aperta campagna al sorgere del sole in una mattina di primavera, si avvolge di un'atmosfera di crescente energia, tipica dell'elemento legno.

Osservando un tramonto autunnale con i raggi che si riflettono sui binari di una ferrovia, la sensazione che si prova è di energia che penetra nel corpo solidificandosi, proprio come il metallo.

In estate, invece, l'atmosfera si riscalda e la natura è al massimo del suo splendore, rifulgendo come le fiamme di un incendio, energia tipica del fuoco.

All'estremo opposto, in una notte fredda e umida in pieno inverno, tutto appare silenzioso e immobile, proprio come in un ambiente caratterizzato dall'acqua.

Il terreno sotto i piedi in un pomeriggio di inizio autunno trasmette una sensazione di solido, compatto e pesante, proprio come l'elemento terra.

Quindi nelle varie fasi della giornata il sole carica una casa con diverse qualità di energia. Al mattino il lato est, da dove sorge il sole, assorbe l'energia nascente, definita legno; con il passare delle ore è la parte esposta a sud a caricarsi di energia tipo fuoco, che si tramuta in energia tipo terra quando il sole comincia a calare, sul lato sud-ovest. Al tramonto, il lato ovest riceve energia metallo, mentre nella notte il lato nord beneficia di energia acqua.

Questa teoria dei cinque elementi costituisce una parte fondamentale nell'approccio di tutta la tradizione cinese alla guarigione, alle arti marziali, al Qi Gong, alla meditazione e al Feng Shui: tutto in natura, le stagioni, le direzioni, i colori, le ore, i pianeti e anche le parti del corpo, può essere classificato in rapporto a metallo, acqua, legno, fuoco e terra.

La loro interazione può essere produttiva e benefica, portando al benessere e all'armonia, o può essere distruttiva e dannosa, generando caos e contrasto.
Uno specialista in agopuntura fa in modo che gli aghi siano posizionati strategicamente per raggiungere l'equilibrio e l'armonia degli elementi nel corpo; così, un maestro di arti marziali si sforza di ottimizzare il suo Ch'i attraverso un uso esperto dei cinque elementi presenti dentro di lui.
Analogamente, un maestro di Feng Shui è in grado di determinare quando il Ch'i di un sito è positivo, negativo, produttivo, distruttivo, benefico, dannoso o neutro.
Infatti, i cinque elementi si ritrovano nell'ambiente così come all'interno di un edificio; nell'ambiente, la configurazione del paesaggio con montagne, colline o pianure determina la sua qualità in rapporto agli elementi. Per esempio una forma rotonda e larga corrisponde al metallo, una ondeggiante e fluente all'acqua, una alta e stretta al legno, una affusolata e appuntita al fuoco e una piatta e squadrata alla terra. In teoria è facile descrivere i differenti paesaggi o luoghi secondo gli elementi, ma in pratica può diventare molto difficile, poiché in rapporto al giudizio personale, le diverse figure o forme sono soggette a diverse interpretazioni.

IL RAPPORTO TRA I CINQUE ELEMENTI

Dal momento che tutto nell'universo segue un certo equilibrio, esiste un ciclo di armonia perfetta dei processi di trasformazione: il legno porta il fuoco, perché ha bisogno del legno per bruciare; il fuoco produce la cenere che si mescola alla terra, la quale nasconde il metallo; dove ci sono filoni di metallo si trova l'acqua, che fa crescere gli alberi, da cui si trae il legno.
In contrapposizione a questo ciclo, definito anche **ciclo di creazione**, esiste un ciclo detto **ciclo di controllo**: il legno combatte contro la terra, poiché la ferisce quando si pianta un albero; la terra va contro l'acqua, poiché la distrugge arginando i fiumi; l'acqua combatte contro il fuoco, poiché lo spegne, così come il fuoco contro il metallo, perché lo fonde; infine il metallo va contro il legno, perché è necessario per tagliarlo.

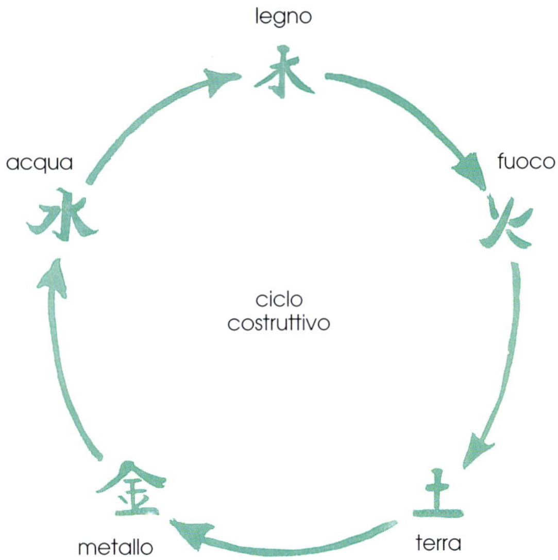

Rappresentazione del ciclo costruttivo dei cinque elementi: il legno brucia per produrre il fuoco, che si trasforma in cenere ad alimentare la terra, nella quale si trova il metallo. Il metallo scorre nelle vene della terra da cui fuoriesce sotto forma di acqua, che va a nutrire la vegetazione e alimenta il legno

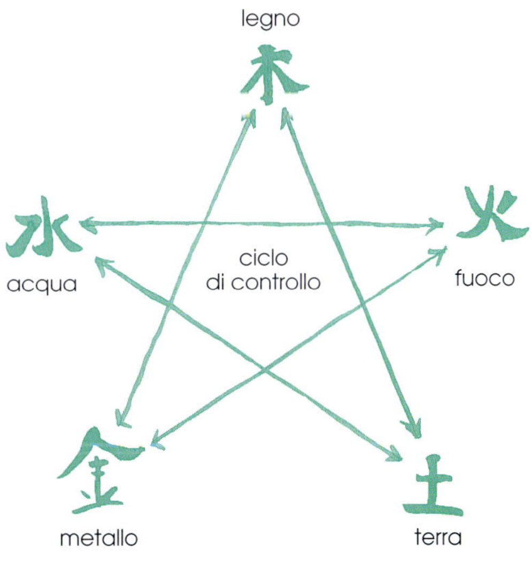

Rappresentazione del ciclo di controllo dei cinque elementi; il metallo taglia e distrugge il legno, che prende vita dalla terra distruggendola; a sua volta la terra annienta l'acqua. L'acqua spegne il fuoco, che scioglie il metallo e il ciclo ricomincia

elemento	numero	punto cardinale	mese	colore	organo interno	organo di senso	influsso naturale	carattere
LEGNO	1 e 2	est	gennaio e febbraio	verde	fegato	vista	vento	amicizia
FUOCO	3 e 4	sud	aprile e maggio	rosso	cuore	gusto	calore	gentilezza
TERRA	5 e 6	centro	marzo, giugno, settembre e dicembre	giallo	milza	tatto	umidità	credibilità
METALLO	7 e 8	ovest	luglio e agosto	bianco	polmone	odorato	siccità	coraggio
ACQUA	9 e 0	nord	ottobre e novembre	nero	reni	udito	freddo	intelligenza

In base alle correlazioni, positive e negative, dei cinque elementi, l'esperto di Feng Shui è in grado di determinare se un ambiente è favorevole o meno per chi lo abita. Per facilitare la comprensione dei valori dei cinque elementi, vengono indicate le caratteristiche di ognuno nella tabella qui sopra riportata.
In base ai cinque elementi, il Feng Shui dà una serie di indicazioni per l'abitazione; a partire dalla data di nascita si può stabilire se un punto cardinale è favorevole o meno per la costruzione di una casa. Se per esempio si sa che una persona soffre di problemi renali, essendo i reni collegati all'acqua, in contrapposizione con il fuoco, si deve evitare che la porta di ingresso sia esposta a sud; inoltre, la casa non deve trovarsi vicino a un fiume o a un lago. I mesi migliori per costruire la casa sono luglio e agosto, in quanto l'acqua si trova in relazione positiva con il metallo.
La caratterizzazione dell'energia che i cinque elementi danno è la stessa che si ritrova negli oggetti, nei colori e nelle forme dell'abitazione; in questo modo essi possono aiutare ad analizzarla e a meglio comprendere come vivere in armonia con essa.

L'I Ching

L'**I Ching** è uno dei testi divinatori più antichi e più noti da oltre duemila anni: per il pensiero cinese, l'uomo è in continuo rapporto con l'universo, il costante fluire del quale richiede una chiave di interpretazione per predire la fortuna e aver indicazioni.

Gli antichi indovini operavano utilizzando le bacchette di achillea, un'erba perenne con foglie alterne composte e fiori bianchi o rossi, nota nella liquoreria e nella farmacopea tradizionale. Il metodo utilizzato consisteva nell'eseguire dei calcoli, maneggiando un mazzo di steli di questa pianta, tenendone uno tra il quarto e il quinto dito della mano sinistra, a simboleggiare l'uomo posto tra Yin e Yang; i risultati ottenuti dopo varie operazioni venivano poi interpretati.
Il titolo del testo originale viene indicato con il nome di Yijing e di esso non si conosce l'autore; si ritiene che esso abbia avuto origine da una raccolta di pronostici o interpretazioni a uso dei contadini, arricchito in seguito da testi di divinazione sacra, che hanno creato la raccolta dei 64 simboli di cui è ora costituito.
I 64 simboli derivano dalla combinazione degli otto trigrammi, figure composte da tre linee parallele, che rappresentano le direzioni cardinali. Yin e Yang, che nel simbolo del Tai Ch'i significano il primo l'inverno e il nord, il secondo l'estate e il sud, nell'I Ching sono rappresentati rispettivamente da una linea spezzata e da una linea continua. Combinando le due linee si ottiene la rappresentazione della primavera, l'est, e dell'autunno, l'ovest. I quattro simboli ottenuti, combinati nuovamente con una linea continua e una spezzata, danno origine alle altre direzioni della bussola, conosciute anche come le "mezze stagioni".
La combinazione degli otto trigrammi in un ottagono crea la bussola, chiamata Ba Gua, in cui sono indicate le otto direzioni, le quattro stagioni e le quattro mezze stagioni

Gli otto trigrammi. Le qualità positive e negative di Yin e di Yang sono rappresentate da una linea continua (Yang) e da una linea spezzata (Yin); queste linee prese in gruppi di tre forniscono otto possibili combinazioni di Yin e di Yang, che vengono chiamate appunto gli otto trigrammi

Il Ba Gua

Il Ba Gua è uno degli strumenti base dell'indagine dell'energia attraverso il Feng Shui; i due ideogrammi, che compongono il termine, si traducono con "otto" e "trigramma"; in effetti è una figura poligonale con otto lati, ognuno dei quali corrisponde a uno degli otto trigrammi. Nella loro costituzione la linea più alta rappresenta lo Yin e lo Yang, quella centrale le quattro stagioni e i quattro punti cardinali, quella più bassa raffigura la gente.

Il Ba Gua mostra a quale direzione si riferisce ogni trigramma e fornisce tutte le indicazioni che in esso sono contenute.

Come strumento di indagine del Feng Shui, il Ba Gua è molto versatile poiché può essere applicato sia a un'intera città che a una casa, al giardino o a una sola stanza. Mediante la sovrapposizione dell'ottagono alla pianta dello spazio in questione, il Ba Gua viene utilizzato per interpretare la corrispondenza delle otto aree della vita con i settori individuati. Le aree, che i cinesi indicano come fondamentali per il raggiungimento della felicità e del benessere, sono: la fama, la ricchezza, le relazioni, i figli, la famiglia, i benefattori, la conoscenza e la carriera. Al centro dell'ottagono si trova il fondamento di tutta la costruzione, il Tai Ch'i, identificato con l'area della salute, imprescindibile per la sopravvivenza dell'uomo. Nel capitolo "Il Ba Gua e la sua applicazione" (pag. 119) si trova uno studio specifico delle aree identificate dal Ba Gua, con esempi e metodi di applicazione.

Le forme di divinazione in Cina

Secondo gli studiosi, esistevano quattro forme diverse di divinazione, che hanno trovato compendio nell'I Ching:

- le interpretazioni e i pronostici dei contadini;
- l'estrazione a sorte di steli di piante, corti o lunghi, ai quali si riconducono le linee degli esagrammi;
- la divinazione mediante i segni che comparivano sui gusci di tartaruga o sulle scapole degli animali, fatte essiccare al sole;
- la divinazione mediante tavolette di varia forma, da cui deriverebbe il significato originario del termine "gua", tavoletta.

Fantasiose colorazioni nel paesaggio composto da elementi naturali

LA MORFOLOGIA DELL'AMBIENTE

L'energia che proviene dal cielo si distribuisce sulla terra in relazione alla morfologia del terreno; è dunque importante verificare il rapporto esistente tra il territorio, gli elementi naturali presenti in esso e le costruzioni che vi si trovano.

IL TERRITORIO

È necessario che si cominci ad analizzare un luogo proprio osservando se vi sono attorno rilievi montuosi, colline, corsi d'acqua, laghi, campi coltivati o distese brulle, senza, naturalmente, dimenticare di verificare l'esposizione al sole.
Accanto agli elementi naturali presenti sul territorio, sempre più spesso bisogna confrontarsi con elementi che fanno parte di esso, ma che sono realizzazioni dell'uomo. Allo stesso modo degli elementi naturali, le abitazioni, i palazzi, i ponti, le dighe, così come le linee dell'alta tensione o le rotaie del treno, costituiscono elementi che caratterizzano il territorio e ne qualificano la sua tipologia energetica. Un tempo la presenza dei soli elementi naturali rendeva più facile per l'esperto di Feng Shui la verifica delle energie più adatte per la collocazione di una tomba, di una casa o di un palazzo.

IL SITO

Con il termine sito ci si riferisce al punto preciso del territorio in cui si trova o si deve trovare una costruzione. Nel caso di un sito da edificare, l'indagine verte sul punto migliore in cui iniziare la costruzione in maniera tale da poter avere i maggiori benefici energetici.
Nell'antichità la scelta del sito era un importante rituale per il quale venivano interpellati i sacerdoti o i saggi della comunità: la collocazione della casa in un luogo energeticamente dannoso causava l'estinzione della famiglia o una vita piena di difficoltà per i suoi abitanti.
In alcune tradizioni culturali, veniva recintato il terreno in questione e vi si facevano pascolare degli animali; osservando il loro stato di salute e la zona in cui si fermavano di preferenza, si sceglieva il sito dove collocare l'abitazione.
Altre volte si procedeva all'osservazione del volo degli uccelli e della loro presenza nell'area; dalle loro viscere si stabiliva il grado di salubrità del luogo e la sua buona o cattiva energia.
Per i cinesi il sito è messo in relazione con quattro animali, il drago, la tigre, la tartaruga e la fenice, che identificano simbolicamente i quattro punti cardinali e la loro energia.
Il drago, animale fantastico dalla dirompente energia, è collocato a est, da dove proviene la forza del sole che nasce e dà vigore a ogni attività. La tigre rappresenta l'energia dell'ovest, forte ma più controllata rispetto a quella del drago con una connotazione di impulso al movimento piuttosto che al moto di crescita. La tartaruga con il suo guscio robusto è l'animale che protegge il sito dalla fredda energia del nord, avvolgendolo alle spalle. Infine, la fenice, mitico animale che risorge dalle ceneri, posta a sud, rappresenta l'energia del continuo rinnovarsi del ciclo di morte e nascita: il sito deve essere aperto a sud per assorbire il più possibile questo slancio vitale.
Il sito ideale per i cinesi può essere raffigurato come una poltrona dallo schienale alto, con due ampi braccioli e un comodo cuscino: la casa deve trovarsi su un pianoro, aperto verso il sud, protetto alle spalle dal freddo

Il sito e le correnti energetiche:

1. la casa è esposta alle correnti senza protezione;

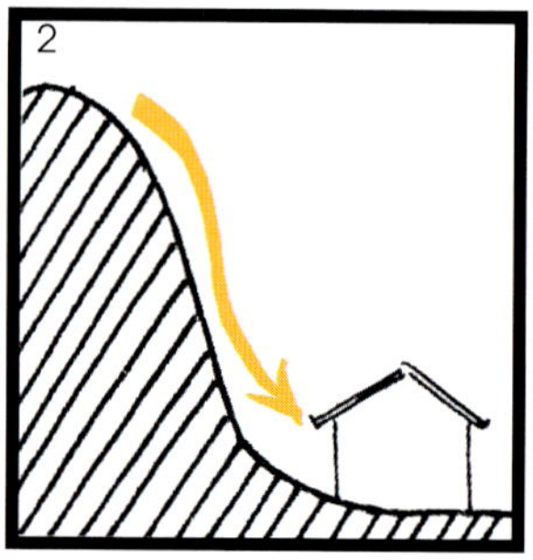

2. la casa è investita dalla corrente che scende dalla collina, si può rimediare piantando alberi dietro alla casa;

3. la casa è investita dall'energia, ma è frenata dalla presenza di un'altra collina a valle;

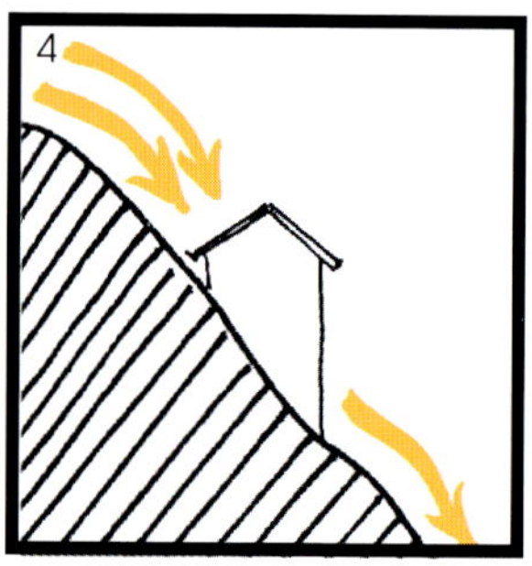

4. la casa è trascinata a valle dall'energia, si può porre rimedio creando un riporto di terra verso valle;

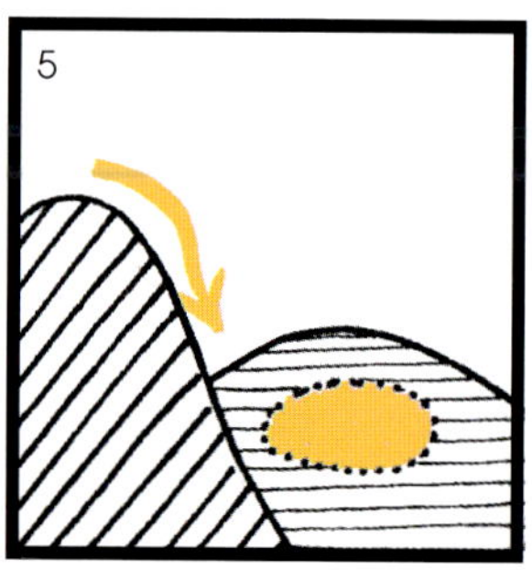

5. il sito evidenziato è il più adatto a collocare la casa

del nord da un rilievo montuoso elevato e abbracciato sui fianchi da due morbide e degradanti colline a est e a ovest.

Alla ricerca del sito ideale e della sua energia

Oltre a individuare il sito ideale attraverso i simboli, l'esperto di Feng Shui è in grado di indicare un'ulteriore serie di elementi che aiutano a individuare l'energia di un luogo.

Per analizzare un luogo

Gli elementi più importanti nell'analisi di un sito sono:

- l'orografia
- l'idrografia
- la natura: vegetazione e animali
- l'orientamento rispetto al sole

Fondamentale è considerare la presenza o meno di montagne, che ricevono e spandono l'energia del cielo nel territorio circostante e quindi sono un chiaro indice della quantità di Ch'i presente nella zona. Una montagna isolata, però, vede disperdersi la sua energia molto velocemente, mentre un sistema di cime degradanti e di valli distribuisce l'energia fino alla pianura. Questa situazione è quella che si è creata attorno alle Alpi, dove sono sorti paesi nei fondovalle e sopra le colline che digradano dalla catena principale.

A caratterizzare l'energia del sito concorre in maniera importante la presenza dell'acqua: il nome stesso dell'arte del Feng Shui indica che il moto del Ch'i, il vento (Feng), è in stretta relazione all'acqua (Shui), che facilita il suo percorso. Fiumi, laghi e anche i mari fanno sì che la velocità dell'energia in discesa dalle montagne rallenti e permettono una sua maggiore e più uniforme distribuzione.

Il luogo ideale della casa, protetto a nord, fiancheggiato a est e a ovest, deve avere anche un elemento d'acqua a sud per rallentare il movimento del Ch'i; questo spiega il fatto che le case dei cinesi hanno nel giardino di fronte all'ingresso, posto preferibilmente a sud, una fontana o una vasca con dei pesci.

Lake Palace a Udaipur, India, è la residenza estiva del maharaja, circondata dall'acqua che porta refrigerio nel torrido clima della regione del Rajastan nel nord dell'India

La presenza degli uccelli come buon augurio

Anche la tradizione occidentale, come quella orientale, vede nella presenza in particolare di uccelli la buona energia di un sito: le rondini, che di ritorno dalle migrazioni vanno a nidificare sotto i tetti o sotto i balconi, sono considerate ancora oggi segno di buon augurio per la casa e per i suoi abitanti.

L'indagine del sito si può orientare quindi sulla vegetazione e sulla fauna del luogo: una buona distribuzione di energia permette alle piante di essere rigogliose e di portare abbondanti frutti. Inoltre, essa fa in modo che i campi siano coltivati e in ordine e consente la presenza di animali e di uccelli, che nidificano nella zona.
Indica un'energia stagnante, al contrario, la presenza di zanzare e di altri insetti, come anche il verificarsi di epidemie di bestiame e la scarsità di raccolti.
Se l'indagine del sito non riguarda solo la natura di esso, perché nel luogo vi sono già stati altri insediamenti abitativi nel corso degli anni, è importante conoscerne la storia. Ogni sito, infatti, mantiene nei suoi elementi costitutivi la memoria di tutti gli eventi accaduti; è importante ricercare chi aveva abitato il luogo, le ragioni del suo abbandono e le cause che possono aver condotto a un cambiamento della sua qualità energetica.
Talvolta può accadere che la costruzione di una diga o di una fabbrica nelle vicinanze di un luogo, per molto tempo carico di Ch'i, provochi il suo depauperamento improvviso e lo renda del tutto inadatto a essere abitato. Viceversa, l'allontanamento di un'attività da un luogo può apportare dei miglioramenti nel livello di energia, che possono trarre ulteriore vantaggio con l'introduzione di nuove piante o di coltivazioni e il conseguente ritorno degli animali.
Nell'analisi di un sito non bisogna dimenticare l'orientamento: dalla corretta esposizione del terreno all'energia del sole dipendono il benessere e la salute di chi vi abita. La luce solare, con l'alternanza del giorno e della notte, regola tutti i cicli biologici, permette ai tessuti corporei di attivare le loro funzioni e consente, se ben sfruttata, un notevole risparmio energetico.

Il terreno deve dunque essere orientato in modo tale da ricevere l'energia del sole durante tutto l'arco della giornata, dall'alba fino al tramonto; i contadini, un tempo, orientavano le cascine secondo l'asse est-ovest, per sfruttare al meglio la luce del sole: ciò consentiva loro di riscaldare le case anche durante la brutta stagione, di mantenerle sane e asciutte e di conservare i raccolti per lunghi mesi nei granai e nei fienili.

Le forme del paesaggio

L'analisi di Feng Shui verifica anche la presenza nel paesaggio dell'insieme dei cinque elementi, che simboleggiano le diverse forme di Yin e Yang; rapportando tutti gli elementi del sito con l'energia legata a uno dei cinque elementi, si è in grado di verificare che una località, un edificio o un'abitazione siano perfettamente in equilibrio.
Anche la forma di montagne e colline e degli edifici costruiti dall'uomo hanno qualità energetiche che possono essere messe in relazione a uno dei cinque elementi.
Infatti, tutto ciò che ha una forma capta dall'ambiente energia, anche se in parti molto piccole, e la emette all'esterno sotto forma di sottili vibrazioni di natura elettromagnetica molto deboli (onde di forma).
Anche le forme degli edifici costruiti dall'uomo possono avere la possibilità di assorbire, riflettere o anche deformare l'energia che le colpisce.
L'ambiente è dunque un vero e proprio amplificatore dell'energia e le forme possono modificare le capacità della materia di ricevere e di emettere energia. Una forma circolare, per esempio, mantiene, raccoglie e protegge l'energia del corpo umano; infatti, nei luoghi di culto di tutte le religioni si trovano cupole, absidi e pareti curve con la funzione di schermare l'uomo in preghiera da ciò che lo potrebbe disturbare, distogliendolo dall'attività che si è prefissato in quel luogo.
Per contro una cupola, con la sua convessità, crea emissioni di onde di forma, divenendo un amplificatore delle onde cosmiche, che quindi, giungono sull'uomo in preghiera aiutandolo nel contatto con il divino.
Nel disegno a fianco vengono individuate alcune forme di montagna con la corrispondente valenza energetica.

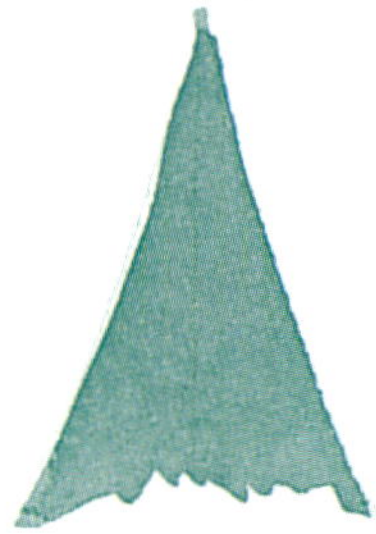

A punta: si eleva con una punta stretta, è legata al pianeta Marte e rappresenta l'elemento fuoco.

Squadrata: è molto tozza e ha una pianura sulla estremità; è legata al pianeta Saturno e all'elemento terra.

A cupola: si innalza fino a formare una cima arrotondata ed è associata al pianeta Venere e all'elemento metallo.

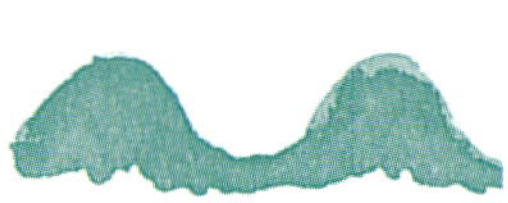

Curva: presenta avvallamenti in cima che ospitano corsi d'acqua, è associata al pianeta Mercurio e richiama l'elemento acqua.

Arrotondata: culmina con una punta arrotondata e viene collegata al pianeta Giove, rappresenta l'elemento legno.

L'andamento di questa vetrata richiama l'elemento acqua

La forma delle coperture affusolate richiama l'elemento fuoco, mentre i grattacieli si stagliano nel cielo come alberi, ricordando l'elemento legno

L'Ayers Rock nel deserto australiano richiama per forma e colorazione l'elemento terra

La forma arrotondata di quest'isola nell'Oceano Indiano ricorda l'elemento metallo

Montagne aguzze, con crepacci e forme irregolari sono considerate Sha Ch'i, energie negative, quindi poco favorevoli a essere vicino alle costruzioni.
Tenendo conto del rapporto di conflitto o meno degli elementi tra loro, gli esperti di Feng Shui riconoscono se le montagne vicine alla casa sono compatibili reciprocamente o se possono danneggiare il Ch'i nelle vicinanze.
Come si è detto, anche le forme costruite dall'uomo possono venir classificate in rapporto agli elementi: un villaggio rurale con caratteristiche morbide, per esempio, oppure una città con tetti irregolari, possono essere associati all'elemento acqua; una campagna con alberi alti e colline appuntite o una città dominata da guglie di chiese o ciminiere di fabbriche può avvicinarsi all'elemento fuoco. Un paesaggio regolare situato in una pianura o un insieme di case con tetti solidi e bassi sono da legare all'elemento terra. Colline ondulate e foreste, condomini molto alti, ponti e viadotti sono legati all'elemento legno, mentre città con edifici dai tetti curvati o ad arco sono associati all'elemento metallo.
Il fatto di ricondurre alla valenza energetica dei cinque elementi le forme presenti nel sito, sia quelle naturali che quelle opera dell'uomo, permette di avere un ulteriore parametro di indagine per verificare l'equilibrio dell'energia di un luogo per coloro che vi abitano o che vi andranno ad abitare.

Le forme del terreno e il sito per la propria casa

Quando si è riusciti a individuare un luogo energeticamente valido per la localizzazione dell'abitazione, c'è ancora una verifica da svolgere per essere sicuri che tutti gli aspetti del sito siano in equilibrio: essa riguarda la forma planimetrica del terreno su cui si è deciso di costruire.
In genere la scelta migliore consiste nel collocare la casa al centro del terreno a disposizione, per una questione di equilibrio tra abitazione e spazio circostante. Tuttavia, gli appezzamenti di terreno presentano forme

Alcune possibili forme del terreno; l'edificio deve sempre essere collocato al centro di esso; bisogna poi valutare la corrispondenza della forma con gli elementi

tra loro diverse e non sempre adatte a tale tipo di scelta.
La forma ideale del terreno per costruire la propria casa è il quadrato, segno di stabilità e di solidità, che richiama l'elemento terra.
La forma rettangolare, se orientata secondo i punti cardinali, è ancora migliore, perché il più delle volte la casa si sviluppa con il lato più lungo nella direzione est-ovest.
Va evitato, invece, un terreno triangolare, dato che questa forma rappresenta il fuoco e i suoi angoli sono troppo acuti; bisogna trasformarlo in trapezio nascondendo la punta con una siepe, magari formando un piccolo giardino o un orto.
Un terreno di forma molto allungata, che viene associato al legno, non è favorevole e perciò è meglio frazionarlo in piccole parti.
Uno di forma circolare, associato all'elemento metallo, che è anche il simbolo del cielo, può corrispondere a edifici legati ai soldi, quali banche e assicurazioni.
Un terreno di forma irregolare è legato all'acqua, che nutre il legno, e sarà propizio per attività che hanno a che fare con questo elemento.
Bisogna evitare un terreno di forma complessa con molti angoli acuti.
Le leggi proprie del ciclo di creazione e di controllo si applicano a tutte le forme naturali e artificiali, compresi gli appezzamenti di terreno e i giardini.
Per esempio, un terreno quadrato, che rappresenta la terra, necessita su di sé una costruzione in sintonia secondo il ciclo di creazione, legata al fuoco, con un tetto a punta, o al metallo, con un tetto a cupola.
Infine deve essere controllata anche la vicinanza tra gli edifici; se una casa piccola e quadrata, legata al simbolo della terra, si trova tra due palazzi alti e stretti, legati al simbolo del legno, è in pericolo, poiché secondo il ciclo di controllo il legno distrugge la terra depauperandola dalle sue sostanze; gli abitanti della casa potrebbero avere una vita difficile e tenderanno ad ammalarsi.

Immagine di una periferia urbana; gli elementi costituiti da strade, ferrovia, magazzini e serbatoi non sono in armonia tra di loro, disturbando le energie del sito che rimane senza identità

L'armonia attorno al sito

Tutto quello che circonda l'uomo influenza il suo modo di vivere; tutti hanno sperimentato nella loro vita come siano difficili talvolta i rapporti di buon vicinato.
Mentre ciò può essere risolto con una piccola dose di buona volontà, spesso il sito è soggetto a disarmonie, che possono intaccare seriamente la serenità e la salute di chi lo abita.

Le anomalie del sito

Su un terreno, dunque, bisogna trovare il miglior Ch'i possibile ed evitare le influenze nefaste, Sha.
Quando vi è un elemento troppo diretto, scosceso, rettilineo o estremo, esso viene considerato una "freccia segreta", interpretata dai cinesi come qualche cosa di malefico, perché gli spiriti dei demoni si propagano in linea retta.
Una "freccia segreta" influenza l'abitante, incombendo su di lui come una minaccia più o meno sottile.
Alcuni esempi di frecce segrete sono i seguenti:

- strada diritta;
- corso d'acqua troppo veloce;
- ponte;
- vento eccessivo;
- linee elettriche in direzione dell'edificio;
- serbatoio d'acqua;
- alti tralicci;
- colmo di un tetto;
- spigolo vivo di un edificio.

In genere le "frecce segrete" sono dovute a modifiche apportate dall'uomo, perché la natura difficilmente si manifesta in linee rette, ma piuttosto con linee curve e sinuose.

Le falde acquifere

Nell'individuare la localizzazione migliore per la casa è importante tener conto della topografia dell'acqua.
Una posizione ottimale per una casa è alla confluenza di due correnti; l'acqua che scorre in un cortile, invece, emette un cattivo Ch'i e può portare via la fortuna di una famiglia.
Stagni, laghi o fiumi sono di buon auspicio in quanto portano il Ch'i ai residenti.

Le linee dell'alta tensione

Prima di acquistare una casa occorre certamente controllare la presenza nel luogo di linee elettriche e rifiuti tossici.
Sarebbe per questo necessario localizzare cavi dell'alta tensione, trasformatori, centrali elettriche, linee ferroviarie e trasmettitori di microonde.
A riguardo le distanze di sicurezza variano parecchio a seconda delle opinioni, comunque sarebbe bene mantenere una distanza di almeno 800 metri da ogni linea elettrica di qualche rilievo.
Un'indagine sul territorio permette, comunque, di sapere se c'è inquinamento da rifiuti tossici.
Sicuramente un territorio in cui la vegetazione appare sana e rigogliosa, in presenza di animali selvatici, dovrebbe dare sicurezza da questo punto di vista.

Dolci colline coltivate abbracciano questa costruzione, armonizzandola con la natura

L'ABITAZIONE E I SUOI ASPETTI

Viene analizzato in questo capitolo il concetto di casa nel suo significato più vero e profondo, per vedere come esso abbia un importante legame con il modo di essere e di relazionarsi di ciascuno con quello che accade intorno.
Anticamente, si era consapevoli dello stretto legame, fisico e spirituale, esistente fra l'uomo e l'ambiente; gli spazi non erano concepiti solo come volumi di contenitori, ma come veri e propri amplificatori o riduttori delle più profonde sensazioni.
La posa della prima pietra di una nuova costruzione rappresentava l'embrione di quella che sarebbe diventata la seconda pelle, ma anche il secondo corpo e la seconda anima di chi vi avrebbe abitato.
La casa rappresenta nell'ideale collettivo l'involucro che protegge dal vivere immersi nella natura, ma nello stesso tempo è l'utero in cui ci si rintana per sentirsi emotivamente protetti.
L'abitazione ha una sua pelle esterna un guscio costituito da vari materiali e un'anima interiore, che rappresenta il calore che avvolge chi vi entra e che è costituito dalla dislocazione degli ambienti, dalle finiture adottate e dagli arredi.
L'analisi che il Feng Shui dà della casa prende in considerazione proprio questi due aspetti per vedere come le componenti energetiche dei vari elementi possano combinarsi in armonia attorno a chi ci vive.

LE FORME DELLA CASA

Ogni forma trasmette sensazioni che fanno classificare l'oggetto, per esempio, come dolce e delicato oppure aggressivo e duro.
Una palla è delicata al tatto, equilibrata nella forma, dato che in essa tutti i punti sono equidistanti dal centro; a tratti è sfuggente: la sua forma ha quindi una valenza più di leggerezza e di divertimento, rispetto a un parallelepipedo. Un mattone, con il suo peso e la sua forma regolare ma spigolosa, trasmette una sensazione di solidità e fermezza, ma anche una certa durezza per le sue facce poste perpendicolarmente le une alle altre.
Per i cinesi la forma del cerchio è legata al ciclo, mentre la forma del quadrato rappresenta la terra: aerea la prima, solida la seconda.
La forma di casa più diffusa è quella quadrata o rettangolare, mentre la forma tonda è riser-

forma	elemento	caratteristiche	sensazione
QUADRATO	terra	regolarità, solidità	sicurezza, potere, stabilità
RETTANGOLO	metallo	stabilità, regolarità	solidità, fondamento, equilibrio
CERCHIO	cielo	compiutezza, regolarità	ciclicità, dolcezza, accoglienza
TRIANGOLO	fuoco	pungente, dinamicità	direzionalità, dinamismo, aggressività
FORME VERTICALI	legno	verticalità predominante, leggerezza strutturale	sviluppo, crescita, slancio vitale

Villa al centro di Torino; costruzione a forma di cubo con pianta quadrata che richiama l'elemento terra

Abitazione bifamiliare in campagna; la forma rettangolare della costruzione con tetti a punta è una commistione di elementi terra e fuoco in perfetta armonia

Costruzioni antiche e moderne nel centro di Kuala Lumpur in Malesia: l'elemento legno dei grattacieli si innalza sull'elemento terra della vecchia costruzione in primo piano

vata alle cupole, che sono comunque la parte di una costruzione più vicina al cielo.

Le tende di alcuni nomadi dei deserti della Mongolia hanno forma rotonda, a conferma del carattere non stanziale di questo popolo.

Esistono ancora abitazioni a forma conica, quali le tipiche tende degli indiani d'America, i *tipì*; la base tonda costituisce un elemento cielo che rende il carattere nomade di queste popolazioni, mentre il carattere bellicoso, che richiama l'elemento fuoco, appare distinto dalla forma appuntita della costruzione.

Esistono, inoltre, nelle geometrie degli edifici diverse combinazioni di forme, che esprimono simboli e concetti ancora differenti.

La solidità quadrata di un castello è spesso accompagnata dalla rotonda verticalità della torre: la protezione delle mura agisce a terra, mentre dall'alto del cielo si possono avvistare i nemici. La duplice valenza di umano e divino accosta, nelle chiese, l'elemento quadrato della navata con la cupola che talvolta sovrasta l'altare, come a ricordare che la natura umana è contenuta tra terra e cielo. Una strana forma di abitazione, ottenuta componendo una serie di rettangoli ravvicinati, è quella delle villette a schiera; secondo i cinesi questa forma richiama l'andamento dell'acqua, con una valenza che ben poco si avvicina alla solidità e stabilità richiesta alla casa.

Le case a schiera sono abitazioni con un'energia molto particolare proprio per il fatto di avere una forma lunga e stretta, compressa tra altri due elementi.

Le forme regolari come esagoni e ottagoni, che si ritrovano meno frequentemente in costruzioni a carattere abitativo, esprimono solidità e stabilità, con l'aggiunta, per l'ottagono, di tutta la sacralità del Ba Gua, con i suoi otto trigrammi. La conoscenza del valore delle forme base può aiutare ad analizzare le diverse vibrazioni che le costruzioni trasmettono, addentrandosi ogni volta con maggior entusiasmo nell'universo delle sensazioni.

I materiali da costruzione

Lo stretto legame che esiste tra la costruzione e il luogo in cui essa sorge ha portato in antichità a realizzare le abitazioni con i materiali che erano a portata di mano. In questo modo

Le cupole di questo vecchio osservatorio nel parco al centro di Sydney sono un tipico esempio di forme metallo nelle costruzioni

La forma appuntita di queste tende nel centro del deserto australiano rappresenta l'elemento fuoco con l'energia che sale verso l'alto

l'energia del sito si trasferiva automaticamente nella casa, senza provocare alcuna alterazione dell'equilibrio esistente in natura: pietre, legname, argilla, fango, paglia diventavano tra le mani dei costruttori gli elementi di un nuovo paesaggio naturale.
Così facendo, il sito manteneva il suo equilibrio e, inoltre, realizzare la costruzione non richiedeva lunghi e faticosi trasporti, ma un minore dispendio di energie.
Come le varie forme dell'abitazione possiedono determinate qualità, anche i materiali trasmettono sensazioni, che fanno vivere l'ambiente in maniera diversa; ora, vengono presi in considerazione, dunque, i vari materiali di costruzione e le loro caratteristiche.

La pietra

La pietra richiama una sensazione di solidità, di durata nel tempo e di protezione; per l'uomo montagne, rocce e sassi hanno sempre costituito esempi di forza e resistenza agli agenti atmosferici. Per queste ragioni la pietra è stato uno dei materiali più usati per costruire i primi rifugi dell'uomo e per creare una casa sicura.
Questo materiale, però rimanda anche a un senso di freddezza, di rugosità, di durezza. Perciò, esso è adatto per realizzare la pelle esterna dell'edificio e la sua struttura; all'interno, invece è opportuno che venga associato con materiali più caldi come legno, stoffa, moquette che ne compensino la durezza.
La pietra è molto adatta in cucina, a bilanciare la presenza del fuoco che scalda, oppure in ambienti di rappresentanza, per dimostrare la fermezza e la solidità di quanto si sta facendo; lo è molto meno in una camera da letto, dove si predilige il calore: in particolare è bene che il pavimento della camera da letto non sia di questo materiale, perché la coppia può essere solida come la roccia, ma a lungo andare si potrebbero raffreddare i rapporti di tenera intimità.
Spesso negli ambienti interni di costruzioni rurali o case sulla costa del mare si trovano elementi di roccia; a volte addirittura una parte delle pareti è costituita da blocchi natu-

Il Natural Sanctuary nella Fondazione di Findhorn in Scozia è realizzato tutto in pietra per integrarsi completamente nelle energie della natura circostante

rali di pietra. Oltre all'aspetto scenografico, questa forza della natura aggiunge alla casa un significato di profondo rapporto con la terra; non bisogna, però, esagerare perché vivere in una caverna non è poi così accogliente, anche se gli uomini antichi l'hanno fatto per molto tempo!

Il legno

Il legno è un elemento molto vicino alla natura dell'uomo; gli alberi crescono dalla terra verso il cielo, esattamente come l'uomo si sviluppa e cresce in verticale: questo avvicina le piante agli esseri umani a tal punto, che l'elemento legno viene riconosciuto come caldo, naturale e in sintonia con l'energia dell'uomo.
Una catasta di legna comunica subito l'idea del calore del fuoco di un caminetto; quando si cammina scalzi su un pavimento in legno, si prova un piacevole calore naturale; quando si ammira un mobile antico, sembra che la linfa scorra ancora attraverso quelli che furono un tempo dei robusti tronchi: calore, energia, vitalità, sintonia sono le qualità del legno.
L'elemento legno rappresenta la crescita, lo sviluppo, il movimento cadenzato dallo scorrere delle stagioni nel corso dell'anno. Esso vive e risente dell'umidità dell'autunno, del secco dell'estate, dello slancio vitale della primavera e del riposo dell'inverno. Ci si accorge facilmente del fatto che le porte si chiudono diversamente in estate piuttosto che in inverno, o che il pavimento a listoni di legno scricchiola maggiormente nella stagione calda: insomma, il legno vive e vive con la casa e con chi vi abita.
Materiale versatile e facile da lavorare, il legno è indicato sia per l'esterno dell'abita-

Tipica capanna malese realizzata in legno con il tetto ricoperto di foglie

zione, a formarne la "corteccia", sia per l'interno, per realizzare i complementi dell'arredo. Può essere accostato per creare un ottimo equilibrio ad altri materiali più freddi come la pietra, il vetro, la ceramica.

La terracotta

La terra è un dei primi materiali con cui si viene a contatto nella vita; dal momento in cui "si tocca terra" fisicamente la si riconosce

Costruzione in mattoni, intonacata e decorata: questi elementi costruttivi richiamano nella sostanza e nel colore l'elemento terra, sinonimo di casa

come elemento base, quello in cui si metteranno poi le radici. La terracotta, allora, facilmente modellabile e plasmabile, è fin dall'antichità un valido materiale da costruzione, nelle sue forme più varie: dal fango, usato come riempimento delle pareti fatte di frasche, alla terra cruda tagliata in pezzi e assemblata per realizzare le murature, alle argille cotte nei forni per farne mattoni, fino alla composizione dei supporti, chiamati comunemente "biscotti", per la produzione di piastrelle smaltate.
La terracotta richiama l'idea del calore del sole, conserva la memoria del fuoco che l'ha prodotta nei forni, risulta gentile al tatto e assolutamente familiare alla vista ed è, inoltre, un elemento solido e durevole. I mattoni di terracotta richiamano per la forma geometrica il quadrato che simboleggia la terra e che si riallaccia all'idea di una casa solidamente costruita in connessione con il terreno.
Mentre il legno è più diffuso nei paesi nordici, la terracotta è più utilizzata nei paesi caldi, specie in tutta la fascia mediterranea.

Il vetro

Il vetro, materiale presente in natura, può assumere le forme più svariate, quando viene scaldato e lavorato nello stato fluido; per questa caratteristica di trasformabilità ha sempre costituito per l'uomo un elemento quasi magico, che passa dallo stato di cristallo a quello di liquido attraverso quello di magma morbido e malleabile.
Un tempo, chi lavorava il vetro era considerato quasi un alchimista, in grado di trasformare un elemento rigido e compatto in un trasparente filtro di immagini.
Opaco in natura, sottile e trasparente una volta lavorato, viene utilizzato per realizzare le specchiature delle finestre, gli ornamenti delle vetrate delle cattedrali e ancora le fini suppellettili d'arredamento.
Il vetro come materiale da costruzione non ha sicuramente il valore del legno o della terracotta, ma rappresenta il filtro attraverso il quale la luce e l'energia del cielo entrano nell'abitazione e di conseguenza nel cuore dell'uomo.
Soffiati, stirati, satinati, i vetri entrano nelle case per portare la loro magia e ricordare come tutto in natura subisca una profonda trasformazione, quella che ognuno compie, quando dalla solida forma corporea si eleva alle alte vette dello spirito.
Elemento del cielo, pur venendo dal ventre della terra, nelle costruzioni moderne il vetro richiama la leggerezza, la tensione verso l'alto e l'immaterialità della struttura delle facciate.
Ottimo per offrire trasparenza alla vita nella casa, non va usato in eccesso, perché non si deve far diventare un palcoscenico tutta l'intimità di una casa e di chi la abita.
Vanno bene ampie vetrate per il soggiorno, mentre è meglio che la camera da letto abbia belle finestre, ma sia circondata da solidi muri che ne proteggano l'intimità e offrano la sicurezza che l'inconscio richiede nel sonno.

Il ferro

Il ferro richiama l'elemento metallo e trasmette sensazioni di sicurezza, durata nel tempo, forza e potere.
Anticamente era usato molto più per realizzare utensili che servivano alla lavorazione di altri materiali da costruzione, che non come vero e proprio elemento della costruzione.
Il ferro ha, però, un rapporto freddo con l'uomo: freddo al tatto, duro alla vista, associato più comunemente a oggetti di offesa quali le armi da guerra, esso entra nelle costruzioni solo di recente, prima nelle strutture di uffici, poi nella casa moderna.
Per le caratteristiche è bene che sia affiancato a elementi più morbidi e caldi, come il legno, la terracotta e anche la stoffa; accostato al vetro ne accentua il carattere freddo, mentre accanto alla pietra ne sottolinea la durezza.
Il ferro, in quanto viene estratto, è molto vicino all'elemento terra, anche se rispetto a quest'ultimo è molto più resistente.
Impiegato nelle strutture degli edifici, il più delle volte nascosto sotto un tamponamento di mattoni o addirittura annegato nei pilastri di cemento, deve essere lavorato con molta cura per evitare di creare una gabbia che può modificare il campo elettromagnetico naturale presente nelle abita-

Grattacielo della Hong Kong and Shangai Bank di Hong Kong, realizzato in acciaio e vetro: combina le più moderne tecnologie con l'antica arte del Feng Shui

zioni. Il ferro serve a dare nerbo e tensione a un arredamento troppo morbido o per caratterizzare un elemento in particolare in un ambiente, come per esempio la cappa della cucina o la cornice di un quadro; può essere posizionato nella muratura per irrobustire la reazione a compressione del mattone: si tratta comunque di un elemento accessorio e non da usare da solo per una casa.
Lo stesso discorso vale per il suo parente più nobile, l'acciaio, che unisce alle caratteristiche prima elencate anche la lucentezza e una superficie liscia: è per questo un ottimo attivatore di energia in un ambiente poco luminoso, ma è sempre bene non esagerare con il suo uso.

Il cemento

Materiale di recente applicazione, il cemento è il legante per eccellenza nella moderna architettura. Esso viene ottenuto dalla reazione, in forni ad alta temperatura, di rocce particolari, attraverso un ciclo di produzione che gli fa assumere caratteristiche di lavorabilità e di reazione all'acqua, tali da renderlo facilmente utilizzabile nella realizzazione di costruzioni; tuttavia, il cemento non riscuote particolare simpatia.
Sebbene derivi da un prodotto naturale presente nella terra, il suo colore grigio lo rende poco gradevole alla vista, gli conferisce poca vitalità; appare freddo come

Il Tempio della Chiesa Universale a Nuova Delhi, India; realizzato con strutture in cemento armato rivestite di riquadri in materiale ceramico, rappresenta un fior di loto che si sta aprendo

una pietra, ma senza la grinta che una roccia trasmette.
Il fatto di connotare come "grigio cemento" qualcosa di spento, sottolinea la reazione comune nei suoi confronti.
Usato insieme al ferro per realizzare le strutture, in quello che comunemente viene chiamato cemento armato, ha una considerevole diffusione proprio per l'ampia gamma di soluzioni che questo sistema consente: forme curve, pilastri rotondi, tetti ondulati, travi di grande dimensione, sono le modellazioni che il cemento può prendere. Questa potenzialità affascina i costruttori, ma non basta a rendere questo materiale uno dei più adatti a creare armonia negli ambienti interni.
Inoltre, esso invecchia nel tempo, senza peraltro assumere quella patina di saggezza di un antico manufatto in mattoni o in legno.
In definitiva il cemento è un materiale che, secondo il Feng Shui, va utilizzato per essere il supporto di finiture più congeniali.

Gli elementi della struttura

La casa è costituita da una serie di elementi che concorrono a realizzare l'ambiente in cui si vive; per completezza ed equilibrio tutti questi elementi devono essere presenti. Allo stesso tempo tutte le parti devono avere la giusta collocazione per essere di beneficio al sistema realizzato e non creare disarmonie.
Saranno di seguito indicati gli elementi principali della struttura dell'abitazione e la loro giusta collocazione, la loro valenza energetica e l'eventuale correttivo, qualora si verificasse uno squilibrio delle componenti oppure una loro completa mancanza.
Tutte le indicazioni riportate riguardano casi generali e vanno poi applicate alle situazioni reali; per interventi specifici o casi particolari, si consiglia di utilizzare quanto indicato come traccia per analizzare il problema e vedere, grazie alla propria sensibilità, di trovare la soluzione migliore, talvolta anche attraverso prove successive.

Le porte

La porta d'ingresso è l'elemento attraverso cui il Ch'i e la buona fortuna entrano nella casa; le altre porte consentono al Ch'i di diffondersi e circolare nelle varie zone anche con l'aiuto di corridoi e scale e degli ambienti stessi.
Il Ch'i deve circolare liberamente e regolarmente per svolgere la sua azione benefica, quindi non va ostacolato e nemmeno lasciato fluire troppo in fretta; perciò, l'allineamento delle porte è un fattore determinante.
La condizione ideale è quella di non avere più di tre porte allineate, altrimenti si viene a creare un effetto imbuto per l'energia in circolazione. Qualora ci si trovasse in questa situazione, è meglio rallentare il flusso del Ch'i, appendendo tra una porta e l'altra un campanello eolico.
Le porte vanno aperte in modo da lasciare vedere la maggior parte delle stanze, devono essere poste possibilmente al centro della parete, perché entrando siano visibili le finestre, oppure in un angolo del locale, con l'apertura del battente contro il muro.
Devono aprirsi verso l'interno delle stanze e non verso il corridoio per non creare ingombro e per favorire lo scorrere del flusso energetico verso l'ambiente; inoltre, in questo modo si può aprire la porta avendo di fronte un muro decorato con quadri o oggetti, che catturano l'attenzione e creano una sensazione di accoglienza favorevole per il Ch'i di chi entra.
Siccome la circolazione del Ch'i all'interno delle stanze avviene in direzione delle finestre, è meglio che porte e finestre non siano in asse, cosicché il Ch'i rimanga a girare all'interno di ogni stabvnza prima di volarne fuori.
Bisogna evitare che due porte aprendosi si sovrappongano e non si devono porre mai due porte leggermente sfalsate, perché potrebbero sbilanciare il Ch'i dei residenti e offrire un'immagine irregolare dello spazio, che si riflette inevitabilmente su chi lo abita. Il rimedio a questa situazione potrebbe essere quello di appendere uno specchio, che dia l'impressione di estendere lo spazio, sulla parete più vicina.
Quando due porte della stessa dimensione sono centrate sul medesimo asse, può derivare un danno: questo allineamento va bene solo nel caso in cui la porta più grande si apra su una stanza grande, camera da letto,

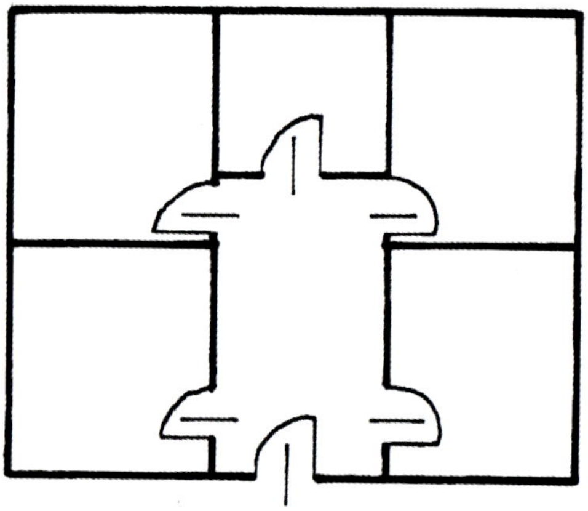

NO

Ci sono troppe porte: la casa risulta tagliata in due

NO

Vi sono più di tre porte in asse: il Ch'i scorre troppo in fretta. Il rimedio è mettere un carrillon eolico con campanellini

Porta di ingresso di un tempio taoista vicino a Chengdu, Cina centrale, su cui è intagliato il simbolo del Tai Ch'i raffigurante Yin e Yang

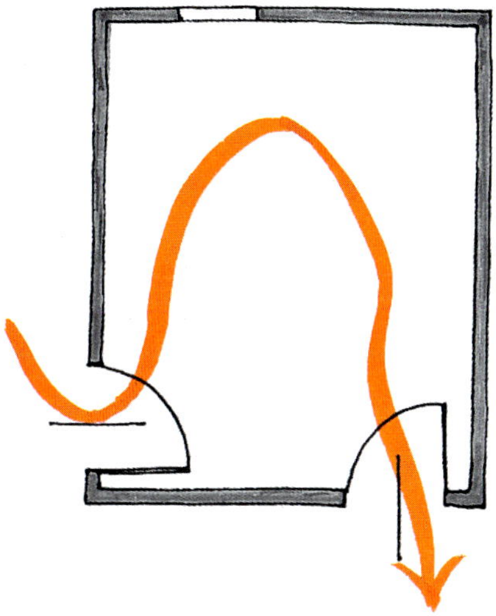

SÌ

In questo caso il Ch'i può circolare liberamente nella stanza

Porta moderna rettangolare con finestra rotonda: i due elementi richiamano rispettivamente la terra e il cielo

camera da pranzo, stanza per gli ospiti; la porta piccola dovrebbe, invece, aprirsi su una stanza piccola, una cucina, un bagno, un ripostiglio.

Le finestre

Le finestre sono gli occhi della casa e l'apertura degli ambienti verso l'energia del cielo: una buona presenza e disposizione delle finestre consente un favorevole rapporto di chi abita la casa con il mondo e un buon apporto di Ch'i all'interno. Le finestre devono essere abbastanza grandi e alte, in modo da poter spaziare con lo sguardo verso l'esterno, senza aver l'impressione di sbattere la testa.

Sono da preferire finestre che si aprono completamente, sia all'interno che all'esterno, invece dei saliscendi: essendo una via d'accesso dell'energia nella casa, è bene che la finestra favorisca questo flusso, offrendo allo stesso tempo la maggior ampiezza possibile, che viene invece ridotta del 50% nel caso dei saliscendi. Le finestre che danno a est hanno luce energizzante e di buon auspicio.

Particolare importanza assume quello che viene visto attraverso la finestra: la vista deve essere la più gradevole possibile in modo da aumentare il benessere degli abitanti. Prosperità e vitalità sono facilitate da un affaccio su un asilo, su di una piazza con negozi, su di una chiesa. Va evitata la vista di cimiteri, mattatoi, ospedali e di tutti quegli edifici su cui anche solo la fantasia mal volentieri si sofferma.

Per evitare, dunque, la vista di qualche cosa di poco gradevole, che non favorisce l'armonia e che agisce contrariamente al benessere, si può utilizzare un vetro satinato, che consente alla luce di entrare e di illuminare le stanze, ma non permette di vedere attraverso, oppure si possono schermare le finestre con tende bianche, in modo da continuare ad avere l'effetto piacevole delle luci, senza che lo sguardo cada su un oggetto indesiderato. Un'altra soluzione è quella di porre uno specchio rivolto verso la vista non gradita, in modo da rimandare indietro tutta l'energia negativa che da ciò può derivare o ancora collocare davanti alla finestra una pianta che attragga la nostra attenzione, senza che questa giunga sull'elemento non favorevole.

Per concludere, qualora si avessero ambienti senza finestre, si può sempre cercare il modo

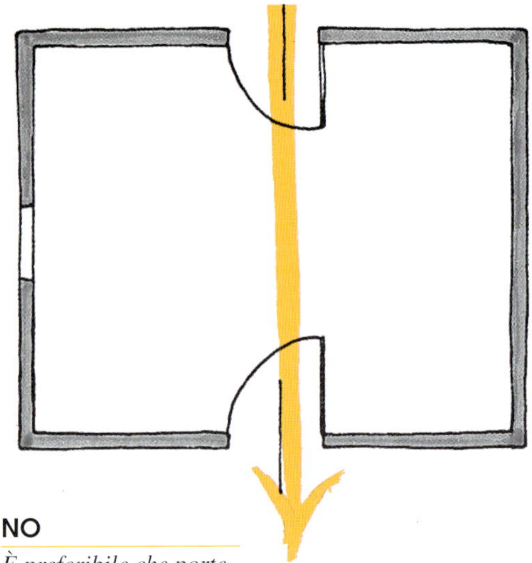

NO

È preferibile che porte e finestre non siano in asse: il Ch'i deve poter girare all'interno di ogni stanza

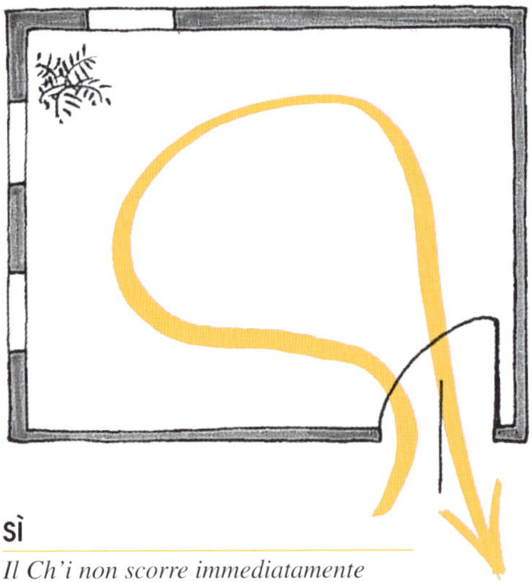

SÌ

Il Ch'i non scorre immediatamente fuori dalla finestra; se la vista non è piacevole, si può sistemare una pianta che attragga la nostra attenzione

Insieme di archi a sesto acuto in un moderno edificio al centro di Kuala Lumpur: la forma allungata e appuntita spinge l'energia e l'attenzione verso l'alto

di elevare il livello di energia: un telaio a muro con un vetro traslucido illuminato dal retro dà l'effetto di una luce che arriva dall'esterno inondando la stanza di energia; controsoffittare l'ingresso con vetro traslucido illuminato dall'alto permette al Ch'i di circolare liberamente.

Il Feng Shui ha un simpatico modo di interpretare il rapporto tra porte e finestre, paragonandolo a quello che esiste genitori e figli: le porte, la bocca dei genitori, devono essere più austere delle finestre, la bocca dei figli; in caso contrario i figli si ribellano ai genitori.

Se la finestra è così grande da far trascurare la porta, si può rimediare collocando un campanellino che suoni con il vento sopra la porta: se la porta, aprendosi, costantemente emette un suono, allora la finestra deve fare attenzione.

Finestra in palazzo settecentesco nell'Italia centrale; rappresenta l'affaccio della costruzione sul mondo esterno ed è protetta da figure angeliche a cavallo e volti di guerrieri, per mantenere lontane le energie negative

Gli angoli e gli spigoli

Come si è detto, la forma del locale influisce sullo sviluppo e sul benessere delle persone che vi abitano e anche la presenza di spigoli o di angoli all'interno degli ambienti può creare spiacevoli sensazioni.
Lo spigolo nella camera è un elemento di aggressione, come una freccia o una lama minacciose; ne deriva un senso di ansia, che si manifesta con terribili mal di testa o repentine tachicardie.
Un angolo acuto, invece, è un elemento di risucchio dell'energia presente nella camera, tanto che è bene usare tale ambiente come luogo di svago e di gioco, evitando di destinarlo a camera da letto: il corpo, in fase di ricarica durante il sonno, in presenza di questo elemento disturbatore si sentirebbe ancora più affaticato di quanto non fosse al momento di coricarsi.
Per entrambi i casi ci sono dei facili correttivi da mettere in atto: piante poste nella zone interessate o cristalli appesi in corrispondenza di esse.

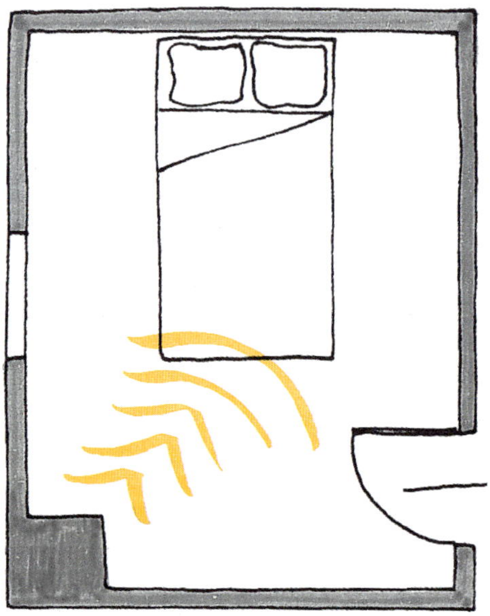

NO

Lo spigolo interferisce negativamente su chi dorme; un rimedio è utilizzare bocce di cristallo sfaccettate o strutture eoliche davanti all'angolo in questione

SÌ

È sempre meglio schermare angoli e spigoli con elementi di arredo

Nel caso di spigoli, inoltre, si può procedere al loro arrotondamento con l'uso di cartongesso o applicandovi una sagoma di forma morbida.
Se hanno una funzione estetica, angoli e spigoli possono essere modificati con elementi di arredo quali, per esempio, statue, lampade a stelo, soprammobili, piante rampicanti o tende.
Altra soluzione è quella di utilizzare bocce di cristallo sfaccettate, carillon o strutture eoliche appendendole davanti all'angolo in questione.
Inoltre, quando si acquistano nuovi mobili occorre sempre tenere conto dell'effetto che i bordi e gli spigoli avranno all'interno della stanza.

Le travi

Soffitti e strutture oblique possono rovinare una buona circolazione dell'energia: travi troppo basse opprimono la prosperità e lo sviluppo e devono essere evitate. Esse condizionano il Ch'i degli abitanti dell'appartamento e ne impediscono la circolazione in tutta la casa. In particolare, posizioni molto sfavorevoli sono quelle sopra una porta di ingresso, un letto, una tavola

da pranzo o una stufa. Possibili rimedi a queste situazioni consistono nell'appendere alla trave, alla porta, o alla parete una tenda bordata con piccoli intarsi di seta, di lana o con fiori e piante oppure nello spostare il letto, la stufa o il tavolo da sotto la trave, installando uno specchio in alto per consentire al Ch'i di penetrare attraverso la stessa.
Un altro rimedio consiste nell'aggiungere un'inclinazione complementare sulla parete, per esempio con un pezzo di legno a 45° in corrispondenza dell'inserzione della trave nella parete, riproducendo così un Ba Gua.

NO

Evitare di rimanere seduti a lungo sotto travi e lampade; l'energia ha una forza schiacciante e può essere pericolosa

I soffitti

Il soffitto simbolicamente rappresenta il cielo di una stanza; la forma che più richiama questo significato è la volta, che armoniosamente racchiude lo spazio, comunicando una sensazione di copertura, ma non di oppressione.
Proprio per questa caratteristica è importante che il soffitto sia il più regolare possibile, non troppo basso, luminoso per quanto riguarda la decorazione, e soprattutto proporzionato all'ampiezza del locale.
Saloni di ampie dimensioni hanno, infatti, bisogno di soffitti più elevati per evitare di dare una sensazione opprimente, mentre camere piccole non devono avere soffitti troppo alti, altrimenti sembrano delle ciminiere. Quando si frazionano camere grandi è meglio realizzare dei controsoffitti che riequilibrino le proporzioni.

Copertura voltata per questa galleria che ospita spazi commerciali, con un gradevole effetto armonioso che richiama la volta del cielo

La scala esterna di un casale della campagna toscana è l'esempio di come l'energia sia accompagnata dai gradini alla porta di ingresso al primo piano

Le scale

Se le scale sono strette e poco invitanti, impediscono una buona circolazione dell'energia nei piani che mettono in comunicazione; per attivare il flusso del Ch'i devono essere ampie, belle e luminose.

La scala deve facilitare il fluire del Ch'i ai piani superiori

Sotto, scala elicoidale che ricorda la forma armoniosa delle volute delle conchiglie dei molluschi; l'energia tende a salire formando una spirale

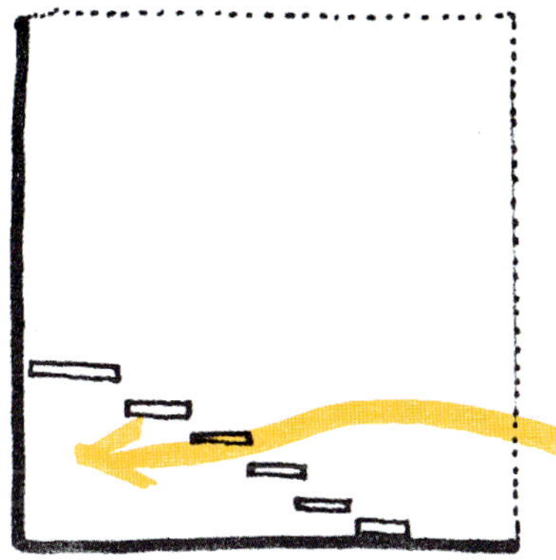

A questo proposito vi sono alcuni accorgimenti che vanno osservati:

- evitare di sistemare le scale direttamente nell'ingresso principale, perché questo potrebbe comportare perdita di energia;
- evitare di utilizzare scale troppo strette che indeboliscono l'energia; il loro influsso negativo può essere attenuato da piante e con una buona illuminazione;
- evitare le scale che scendono diritte verso la porta d'ingresso, poiché provocherebbero una fuga delle opportunità finanziarie;
- evitare scalini con spigoli troppo acuti, che ostacolano il Ch'i;
- evitare su una scala un soffitto basso, male illuminato: ciò opprime il Ch'i, soffocandone il flusso verso l'alto; vi si può rimediare collocando uno specchio sul soffitto.

Scala in pietra con alzate rivestite in piastrelle; le scale sono l'elemento di connessione tra l'energia dei diversi piani della casa: non devono trovarsi di fronte alla porta di ingresso, perché possono creare delle fastidiose correnti d'aria

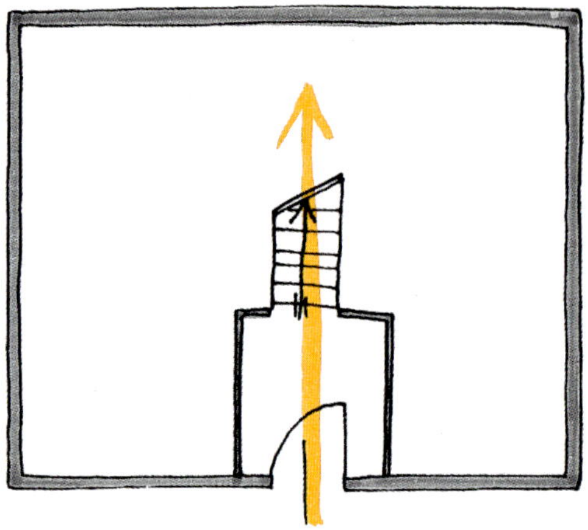

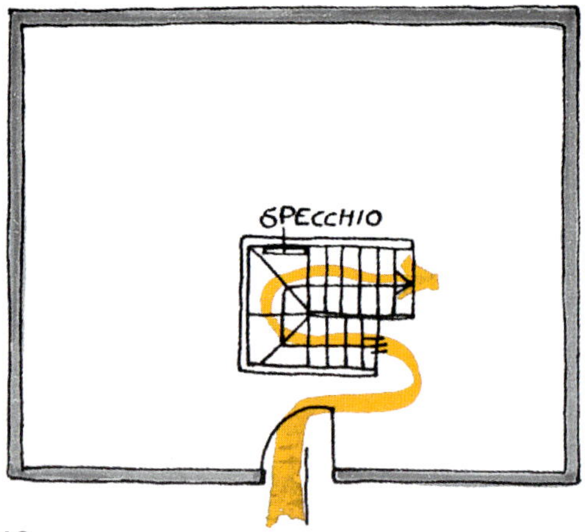

NO

La scala non deve essere sistemata di fronte all'ingresso principale, si avrebbe una perdita di energia; per ottenere un effetto frenante, si può mettere uno specchio in cima ai gradini

NO

La scala situata al centro "perfora" la casa; si può accrescere l'energia con piante e con una buona illuminazione

GLI AMBIENTI DELLA CASA

L'INGRESSO

L'ingresso è un ambiente molto importante, perché costituisce il punto in cui chi sta nella casa o ci entra incontra l'energia del Ch'i proveniente dall'universo.
Perciò, se è possibile, l'ingresso deve essere esposto verso sud, perché da questa direzione proviene il massimo dell'energia; sono utili anche le esposizioni a est e a ovest, meglio se a sud-est o a sud-ovest.
L'esposizione dell'ingresso a nord, invece, offre soltanto l'accesso a un'energia fredda e poco creativa e perciò va evitato. L'ingresso ideale, dunque, è orientato verso sud, ben illuminato, sia naturalmente che artificialmente, e non troppo piccolo.
Quando si entra in casa, bisogna farlo con la miglior disposizione d'animo possibile, perché è come entrare in rapporto con se stessi e con il proprio intimo. Se nell'ingresso sono collocati elementi e oggetti che rendono felici, il rapporto con l'ambiente è armonico ed energizzante.
Per chi entra in casa, l'ingresso comunica la prima impressione sull'abitazione e su chi ci vive. Un ambiente accogliente, luminoso e ben arredato è indice di una personalità aperta nei confronti degli altri, solare nel suo comportamento e sicuramente equilibrata.
Deve aprirsi in maniera naturale sugli altri ambienti della casa con cui è collegato; non deve essere oppresso da mobili ingombranti o dedali di porte. Soprattutto non deve essere un armadio per cappotti e indumenti da esterno, né va usato come magazzino dove riporre ogni cosa quando si entra, come deposito di tutto quello che non ha una specifica collocazione: ordine e pulizia sono fondamentali per l'accesso armonioso nella casa.
Sempre più frequentemente oggi si tende,

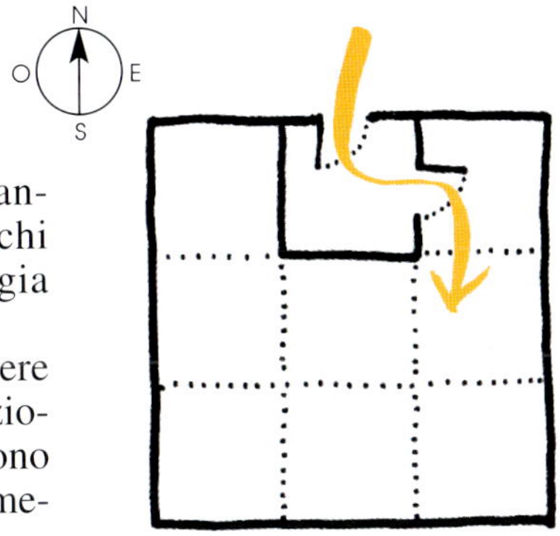

Per evitare l'ingresso rivolto a nord si può ricorrere a un preingresso che faccia arrivare all'ingresso da est o da ovest oppure che obblighi a svoltare, appena entrati, a destra o a sinistra

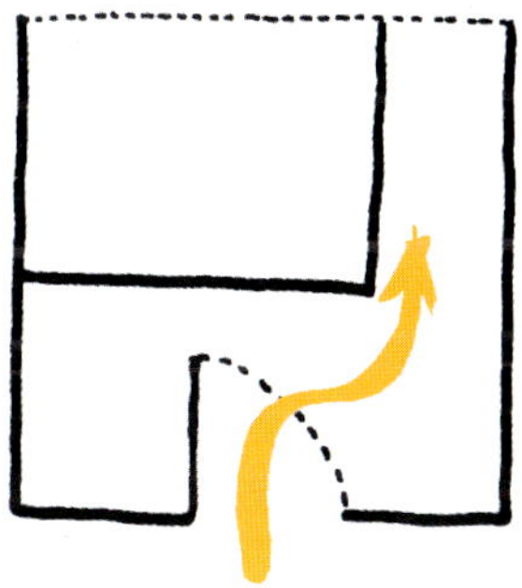

La porta di ingresso non deve essere ostruita; non deve aprirsi su uno spigolo, un muro o un armadio ingombrante: l'energia in ingresso deve poter fluire all'interno per distribuirsi in tutta la casa

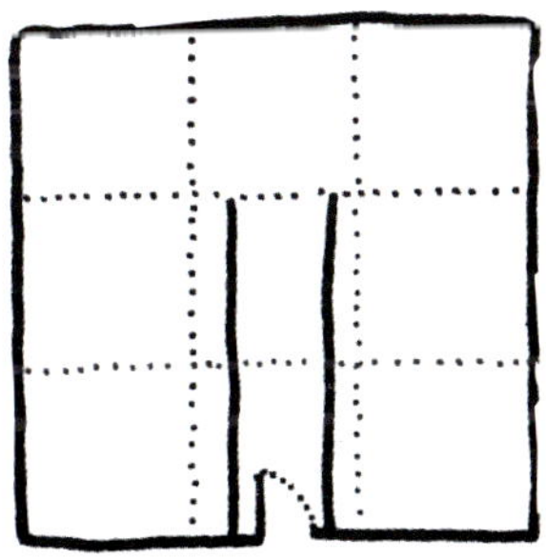

Un ingresso troppo piccolo e poco luminoso: sembra di entrare in un cunicolo e non in una casa; si può allargare l'ambiente mediante l'uso di specchi e illuminarlo a giorno con luce adatta

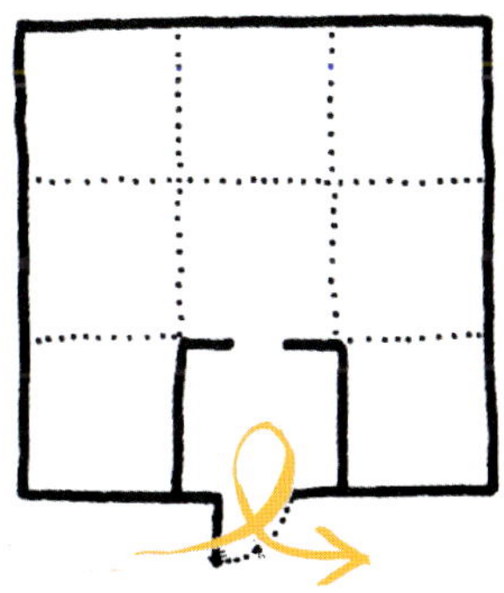

La porta di ingresso non deve mai aprirsi verso l'esterno; il flusso dell'energia deve essere accompagnato in entrata e non essere respinto nel senso opposto

per ragioni di spazio, a entrare in casa direttamente nel soggiorno, facendo a meno dell'ingresso: in questo caso diventa ancora più importante tener conto delle indicazioni relative alle forme e alle strutture già suggerite.
Entrare in una casa non coinvolge solo l'aspetto fisico ma anche quello emozionale e implica delle conseguenze sul Ch'i: l'ingresso nell'abitazione non deve essere un percorso a ostacoli, perché l'energia universale farà fatica a entrare e a distribuirsi nel resto dell'abitazione; inoltre, non deve dare fastidio con i suoi elementi, magari un angolo che si vede appena varcata la soglia, poiché si verifica un calo di energia vitale ogni volta che si torna a casa, con il risultato che si cercherà di farlo il meno possibile.
Per espandere l'energia nell'ingresso, si possono usare dei sonagli, attaccati alla porta o appesi sopra di essa, che tintinnando rendono piacevole l'entrare in casa. Sono utili, inoltre, gli specchi, per ampliare l'ambiente e per respingere eventuali energie poco gradite.

Ingresso armonioso dipinto con colori brillanti e arredato con uno specchio in modo da diffondere l'energia in entrata negli altri ambienti della casa

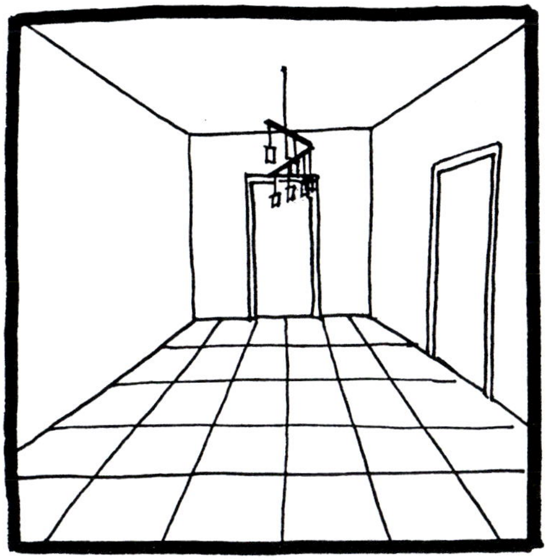

Se la porta di ingresso è allineata ad altre porte della casa, oppure si apre su un corridoio, si consiglia di mettere degli elementi appesi, quali un lampadario, un campanello eolico oppure un flauto a cristalli, per rallentare la corsa dell'energia in entrata

Un quadro appeso sulla parete di fronte all'ingresso può attrarre l'attenzione di chi entra, aumentandone il Ch'i

L'ingresso deve aprirsi su una vista piacevole, magari con un quadro o un vaso di fiori, essere ben illuminato e avere l'aspetto ampio, eventualmente corretto con uno specchio

Il soggiorno

Il soggiorno è solitamente l'ambiente più grande della casa e proprio per via della sua importanza deve essere armonioso e piacevole da vivere. Rappresenta il modo di relazionarsi con gli altri, di mostrarsi a quanti entrano in casa. Localizzato a fianco dell'ingresso, dal quale è bene che sia visibile e facilmente accessibile, il soggiorno deve avere una forma regolare, quadrata o rettangolare, e deve essere ben illuminato.

In esso ci si deve sentire a proprio agio e anche gli ospiti si devono sentire in armonia; per questa ragione le sedute, sia divani che poltrone, devono avere lo schienale rivolto al muro, meglio se appoggiato a esso. La mancanza di una parete alle spalle dà un senso di insicurezza e di instabilità.

Nessuna delle persone deve rivolgere la schiena alla porta di accesso al soggiorno: non si può conversare tranquilli, quando non si è in grado di vedere chi entra dalla porta.

Oltre che accostati alle pareti, divani e poltrone possono essere disposti attorno a un tavolino, magari rotondo; la disposizione a cerchio pone tutti allo stesso livello nella conversazione e dà quindi un senso di piacevole armonia. Il tavolo rotondo richiama il

Il soggiorno ideale

1. Esposizione verso sud; sud-est e sud-ovest sono ottimali mentre è certamente da escludere il nord.
2. Forma rettangolare e quadrata che favorisce il flusso di Ch'i.
3. Divano con parete alle spalle in modo da avere la schiena protetta con finestre e porte sempre visibili.
4. Tavolo rotondo al centro che richiama il simbolo del cielo.
5. Camino addossato alla parete: il fuoco riscalda l'atmosfera del soggiorno.
6. Specchio sul camino, una decorazione di buon auspicio per il Feng Shui.
7. Lampade usate per neutralizzare gli angoli morti.
8. Elemento naturale, pianta o fiore, per ravvivare l'ambiente.
9. Mobile ad ante per la televisione.

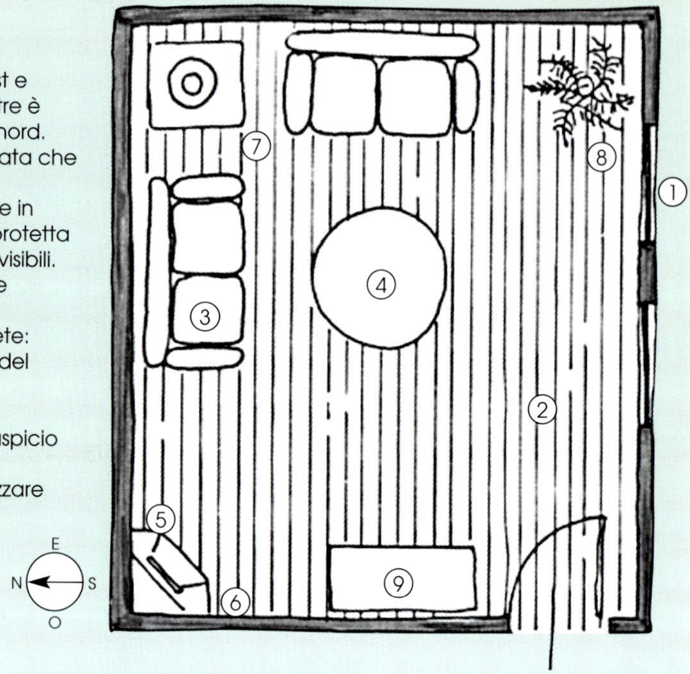

simbolo del cielo e costituisce un elemento di forte energia dell'ambiente.
Dei colori caldi alle pareti, un camino al centro di una di esse, tessuti naturali per le tende e cuscini fanno sì che l'immagine di questo ambiente richiami le caratteristiche fondamentali in una persona, la purezza e l'autorevolezza.

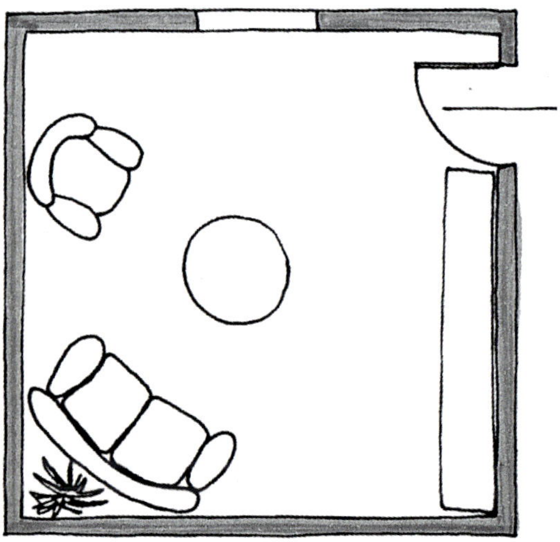

Sì

Posizione corretta degli arredi: ci si siede con una parete alle spalle, senza interferenze della porta e con tutto il locale sotto controllo

Da evitare

Non ci devono essere angoli morti: per stare bene l'energia deve poter circolare a dovere.

Il camino non deve trovarsi al centro della stanza, perché la canna fumaria trascina il Ch'i all'esterno.

Non si devono utilizzare arredi metallici e spigolosi che possono raffreddare e compromettere l'atmosfera.

Il divano non deve essere collocato davanti alla porta, perché una volta seduti ci si troverebbe proprio in mezzo al flusso di energia.

Non bisogna lasciare troppo spazio tra il divano e la parete, perché in questo modo non si ha protezione alle spalle.

Il soffitto non dove essere basso, perché potrebbe risultare opprimente, e non deve presentare dislivelli, poiché impediscono al Ch'i di scorrere liberamente.

NO

Bisogna sempre sedersi avendo una parete alle spalle, in modo che la schiena sia protetta e che le finestre siano sempre visibili

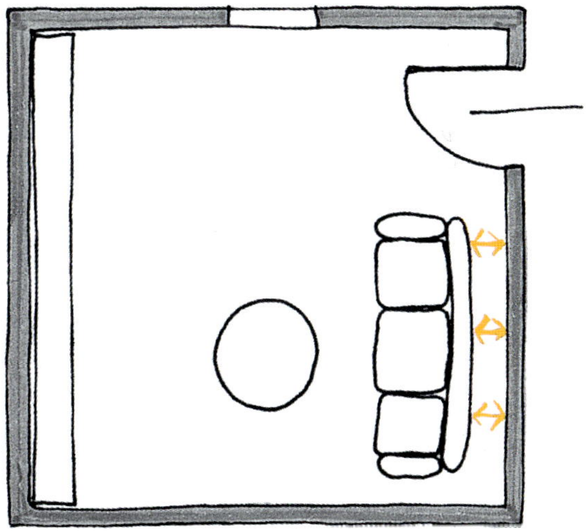

NO

Non bisogna lasciare troppo spazio tra il divano e la parete; in questo modo non si ha protezione alle spalle. Se inoltre c'è una porta il problema è maggiore

Consigli pratici

La posizione migliore per il soggiorno è accanto all'ingresso e vicino alla cucina: in questo modo il Ch'i in entrata può circolare liberamente in entrambi i locali.

Bisogna regolarizzare il più possibile la forma del salotto, in modo da evitare angoli ciechi o luoghi di intaso energetico: le forme rettangolari e quadrate sono le più equilibrate. Può essere utile avere un tavolino rotondo al centro dei divani, perché l'elemento cielo richiamato dalla forma del cerchio ben si integra con il quadrato, che richiama l'elemento terra.

Si deve regolarizzare il più possibile il soffitto per evitare ingorghi allo scorrimento del Ch'i.

Situazioni irregolari possono essere equilibrate con l'impiego di piante, luci e complementi d'arredo.

Per aumentare l'energia Ch'i nel soggiorno è possibile utilizzare campanelli eolici e cristalli appesi.

Gli elementi dell'architettura d'interni

Gli elementi, che fanno parte dell'architettura degli interni, rivestono particolare importanza nell'equilibrio dell'energia di un ambiente. Gli oggetti, infatti, possono amplificare o abbassare l'energia di un locale a seconda della loro valenza simbolica e della loro collocazione. Qui si danno alcune indicazioni che favoriscono la buona circolazione del Ch'i nel soggiorno.

- Una sedia o una poltrona non dovrebbe mai essere rivolta con lo schienale verso una porta o una finestra: un'antica credenza cinese spiega che ciò avrebbe consentito a un nemico di prendere di sorpresa la persona senza essere visto. Oggi si potrebbe affermare che è più probabile che una tale disposizione favorisca reumatismi e raffreddori.

- Il televisore non dovrebbe mai essere posto davanti a una finestra, perché la fonte di luce, Sha, potrebbe colpirlo impedendone la vista.

- Il numero totale delle sedie presenti nel salotto dovrebbe essere sempre pari.

- Molto appropriati sono i quadri di paesaggi che unificano l'equilibrio di Yin e Yang; i cinesi appendono quadri e ornamenti a coppie, rispettando la credenza molto antica che la felicità sia portata da coppie di oggetti.
- Una vasca per i pesci nel salotto è un simbolo di buona fortuna.
- Piante sempreverdi e bambù, che vivono molti anni, portano più fortuna dei fiori freschi che inevitabilmente appassiscono molto rapidamente.

Il televisore può essere elemento di disturbo, sarebbe meglio schermarlo quando non è utilizzato

Soggiorno accogliente e luminoso, arredato con comode sedute poste attorno a un camino e comunicante con l'esterno mediante un'ampia porta finestra

Il soggiorno deve essere uno spazio armonioso dove gli abitanti della casa si aprono alle relazioni tra loro e con le persone che vengono a trovarli

La sala da pranzo

La sala da pranzo è l'ambiente della casa adibito al consumo dei pasti, amorevolmente preparati nella cucina; anche se il ritmo frenetico della vita non concede molto tempo allo star seduti a tavola, il fatto di riunirsi attorno alla mensa, in compagnia, a consumare un pranzo continua a rimanere un momento di gioiosa convivialità. "A tavola non si invecchia" recita un antico detto che ricorda come la nostra salute tragga beneficio dal mangiare bene; dunque, si deve dedicare il giusto tempo ai piaceri della tavola, meglio se in buona compagnia.
Per il Feng Shui la sala da pranzo riveste una funzione importante nella vita dell'uomo. Lo stomaco è legato alla terra e anche il modo in cui si consuma il cibo è legato a questo elemento: mangiare significa ristabilire le proprie radici nella terra. Diventa importante l'armonia

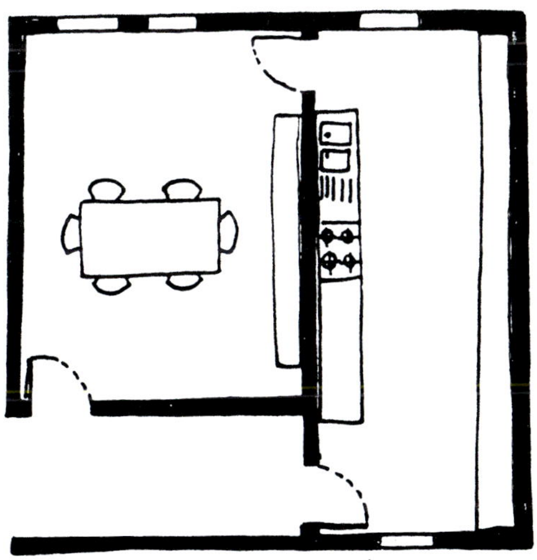

SÌ

È bene che la sala da pranzo sia vicina alla cucina, ma abbia un ingresso indipendente

Consigli pratici

Bisogna evitare di avere soggiorno e sala da pranzo in un unico ambiente. Qualora ciò non fosse possibile l'ideale sarebbe avere una separazione realizzata con piante, tende o paravento.

La dimensione della stanza deve relazionarsi al tavolo, che è il suo mobile principale, anche se non deve essere l'unico nel caso di ambiente stretto; se la sala fosse troppo piccola, l'ideale sarebbe usare qualche specchio per dilatarla.

La forma del tavolo è molto importante: evitare tavoli troppo lunghi, perché le persone non si sentano separate.

Si devono evitare tavoli con superfici di vetro o di plexiglas, che essendo trasparenti lasciano in un certo senso "fluttuare" i cibi nell'aria.

Le persone non devono essere sedute in corrispondenza degli spigoli: il cibo potrebbe andare di traverso per l'energia perforante dell'angolo.

L'invitato principale deve essere rivolto a sud, la direzione nella quale era sempre rivolto lo sguardo dell'imperatore, oppure deve guardare verso la porta, per avere una posizione dominante rispetto all'ambiente in cui ci si trova.

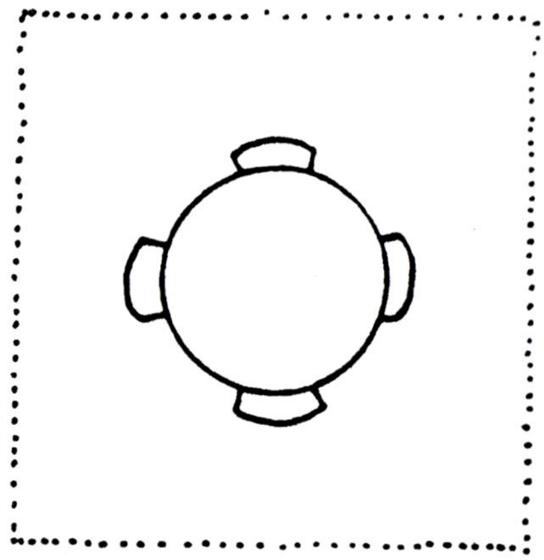

Un tavolo rotondo richiama il cielo e crea un'atmosfera più amichevole

Un tavolo quadrato o rettangolare richiama la terra, simbolo di stabilità

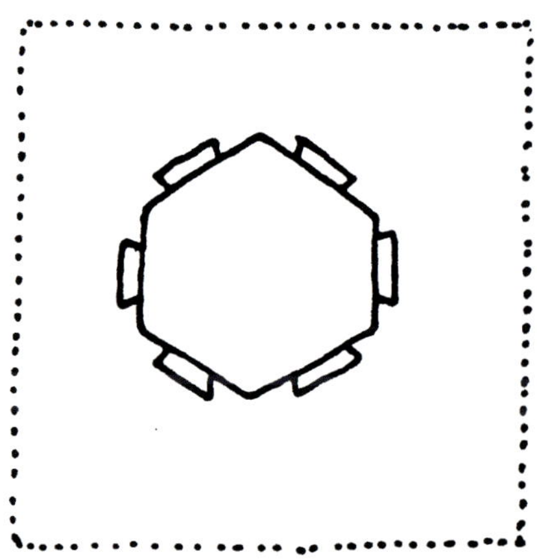

Un tavolo esagonale o ottagonale indica stabilità delle forme regolari e rapporti armoniosi per l'equidistanza dal centro

della sala da pranzo, perché l'energia che trasmette il cibo non è solo legata al modo in cui è stato preparato, ma anche a quello in cui viene consumato.

La sala da pranzo ideale è un locale a esclusivo uso dei pasti, collocata in posizione adiacente alla cucina, ove questi vengono preparati; non vi deve essere solo una porta, che dà in cucina, in quanto è bene ce ne sia una seconda, aperta magari sul soggiorno, meglio a est o a sud della cucina stessa.

Poiché la sala da pranzo è un luogo usato esclusivamente in occasione dei pasti, la sua dimensione deve consentire di muoversi agevolmente attorno al tavolo, ma non essere eccessiva, per evitare che la vita della famiglia sia rivolta troppo al cibo. Sempre per la stessa ragione è bene che tale locale non sia troppo vicino alla porta di ingresso dell'appartamento o della casa, perché anche in questo caso si darebbe troppa importanza all'energia del cibo, il che potrebbe creare problemi di sovrappeso.

Sala da pranzo ampia e ben illuminata; il tavolo ovale favorisce la convivialità e il suo colore richiama l'elemento terra, in perfetta sintonia con gli organi digestivi: un piacevole angolo dove consumare i pasti in compagnia

La sala da pranzo è l'ambiente dove vengono consumati i pasti in compagnia. Il tavolo a forma rotonda favorisce l'armonia di questo momento, che deve essere di nutrimento del corpo, ma anche dello spirito

La cucina

La cucina conserva l'antico significato di focolare domestico, attorno al quale si ritrova la famiglia, e nello stesso tempo è il luogo deputato alla preparazione del cibo, fonte del sostentamento dell'uomo.
Nelle antiche case contadine, la cucina era l'ambiente dove ci si ritrovava al termine della giornata a consumare il pasto e a condividere tutto quanto faceva parte della vita della famiglia. Qualora fossero capitate delle persone di passaggio, la cucina rimaneva comunque il luogo attraverso il quale accogliere gli estranei nel cuore della casa.
Oggi, la cucina ha perso la centralità che aveva un tempo e, per ragioni di spazio, viene spesso ridotta al solo angolo cottura, dove frettolosamente si prepara da mangiare; tuttavia alcuni importanti elementi non sono venuti meno.
Il fuoco è l'elemento che purifica e trasforma gli ingredienti che compongono le pietanze, cucinate con amore in un ambiente che per questo motivo deve essere sereno e piacevole.
L'acqua, elemento opposto al fuoco, è la sorgente della vita, che entra come nutrimento nell'interno della abitazione.
Proprio per la loro opposizione è bene tenere acqua e fuoco vicini, ma non a contatto: un piccolo piano d'appoggio tra il piano cot-

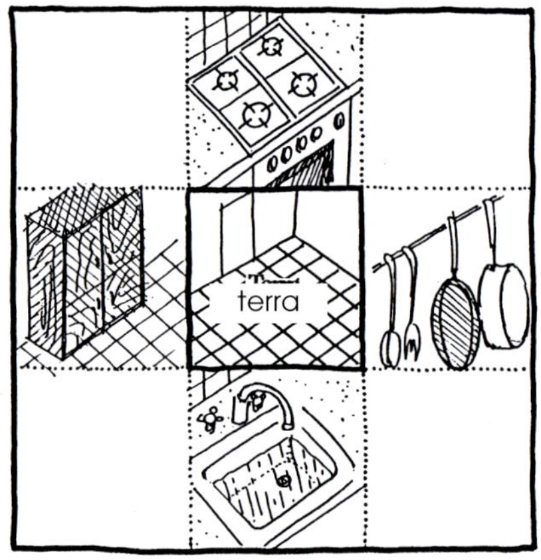

Gli elementi della cucina e la loro corrispondenza con i cinque elementi. L'elemento terra è richiamato dal pavimento in ceramica con supporto in terracotta, il fuoco dalla zona dei fornelli e del forno, il metallo dalle pentole e dagli utensili per la preparazione del cibo, l'acqua dalla zona dei lavelli e della lavastoviglie, il legno dai mobili della cucina moderni o tradizionali

Da evitare

La cucina non deve trovarsi vicino all'ingresso di casa, altrimenti si ha l'impressione che tutta la casa sia imperniata sul cibo e gli abitanti rischiano di essere sovrappeso.

Non bisogna sistemare la lavatrice in cucina, perché non è inerente a quanto si svolge in questo ambiente. Qualora non vi sia spazio altrove, si deve cercare di nasconderla, per esempio una lavatrice a incasso, e di posarla lontano dai fuochi.

La porta della cucina non deve essere di fronte a quella del bagno, della camera da letto o dell'ingresso, poiché l'energia di questo ambiente non deve mischiarsi a elementi che le sono contrapposti.

L'angolo pranzo deve essere separato dall'angolo cottura e quindi il tavolo da pranzo non va collocato proprio nel centro del locale.

Non bisogna sistemare il forno né davanti ai tubi di scarico, né davanti alla pattumiera: i soldi se ne andrebbero.

Nessun angolo e nessuna trave deve trovarsi sopra lo spazio in cui si prepara il cibo, perché incomberebbero come delle minacce.

Si deve evitare di sistemare la cucina tra due camere perché ne disturberebbe gli occupanti.

Va inoltre evitato di dare alla cucina l'aspetto di un "laboratorio", perché dà un senso di freddo, in contrapposizione con il significato simbolico della cucina stessa.

tura e il lavello è sufficiente a non far comunicare i due elementi opposti per natura. Anche gli elettrodomestici a essi collegati devono rimanere separati, affinché svolgano al meglio i loro compiti. Tutto ciò che in cucina ha a che fare con l'acqua, lavandino, lavastoviglie, lavatrice, deve essere orientato verso ovest o nord.

La cucina ideale

1. Buona aerazione e ricambio d'aria.
2. Pianta per purificare l'aria.
3. Posizione del focolare verso est o sud.
4. Impianti dell'acqua, lavandino, lavastoviglie, lavatrice, orientati verso ovest o nord.
5. Piani lavoro ampi e regolari.
6. Pareti di colore giallo: richiamano lo stomaco e l'intestino.
7. Pavimento in terracotta.
8. Lavandino sotto una parete finestrata.

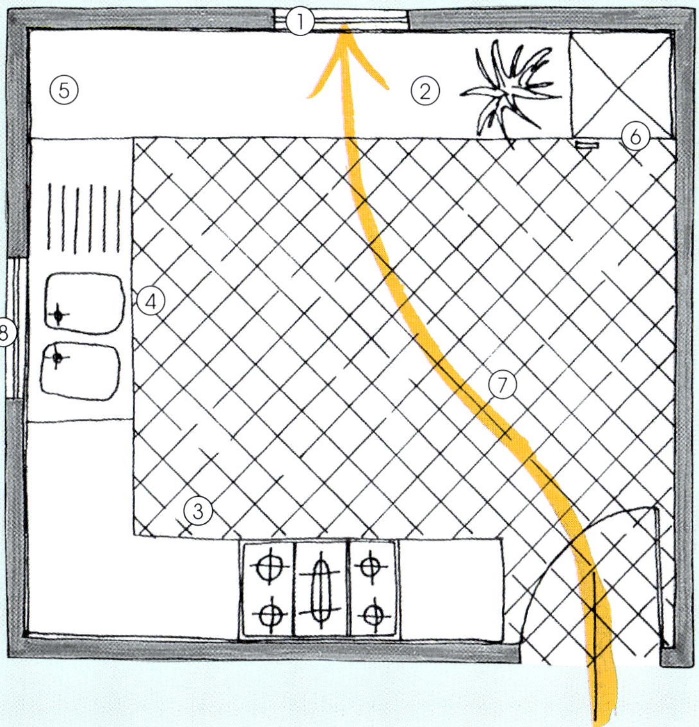

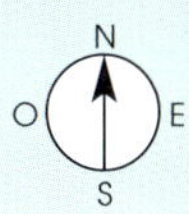

NO

Se c'è una porta alle spalle della zona in cui si cucina, si prova un senso di disagio

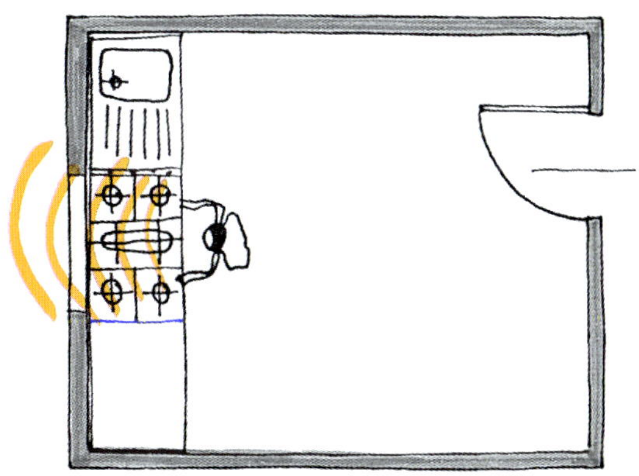

NO

I fornelli sotto la finestra sono da evitare, altrimenti il fuoco, elemento di unione familiare, vola via troppo velocemente

SÌ

Una corretta disposizione deve offrire sufficiente luce, ricambio d'aria e spazio per lavorare

La cucina e le sue corrispondenze con i punti cardinali

Piccola cucina in un appartamento a Courmayeur, Aosta; il rivestimento a quadrotti d'acciaio dietro i fornelli riflette il fuoco caratterizzando lo spazio con l'energia di questo elemento

ATTENZIONE AGLI ELETTRODOMESTICI

Le cucine moderne contengono sempre più elettrodomestici che possono comportare sia inquinamento da campi elettromagnetici, sia l'insorgere dello stress, creando un senso di stanchezza in chi lavora in questo ambiente. I forni a microonde cucinano senza modificare le vitamine e le proprietà nutritive degli alimenti, dal momento che riscaldano il cibo partendo dall'interno, ma nello stesso tempo ne alterano la struttura cellulare. A lungo andare tutti gli elementi, che vanno a creare una disarmonia nella persona verso il cibo e l'alimentazione, possono portare il caos nella struttura psicofisica dell'individuo stesso.

Consigli pratici

Fare in modo che ci sia una buona aerazione e un buon ricambio d'aria, cosicché l'energia si diffonda bene.

Se i fornelli si trovano troppo vicino alla porta, il Ch'i che entra nel locale può diventare troppo forte a causa del fuoco; in tal caso una sfera di cristallo appesa tra l'entrata e il fornello aiuta a ridurre l'energia in eccesso.

Utilizzare lampadine anziché tubi al neon poiché rendono la cucina più accogliente e luminosa.

Uno specchio o una superficie riflettente, posizionata vicino ai fornelli, ne raddoppia il numero, con un accrescimento di benessere.

Utilizzare regolarmente tutti i fornelli disponibili, perché altrimenti si attiverebbe solo una parte del potenziale di energia.

Tinteggiare le pareti della vostra cucina con colori chiari e rilassanti, evitare colori troppo accesi: ideale il giallo, nelle diverse tonalità, poiché è il colore dell'elemento terra, collegato al cibo.

Se si dispone di una cucina abitabile, è meglio dividere per quanto possibile il settore cottura da quello pranzo, con un paravento o un mobile, oppure con varianti di colore e di materiali.

Uno specchio raddoppia il numero dei fornelli, il che simbolicamente significa accrescimento del benessere

Il cibo

Il cibo che viene ingerito quotidianamente porta con sé la propria energia, quella di chi l'ha preparato e del modo in cui è stato cucinato; è importante, quindi, che il luogo dedicato alla cucina sia il più armonioso possibile per trasmettere tutto il benessere al pasto.
I principi che regolano l'equilibrio in relazione a quello che si mangia sono contenuti nell'antico testo classico cinese dell'I Ching; per vivere in armonia con il proprio ambiente, occorre alimentarsi con prodotti di stagione, coltivati sul posto, alternare l'attività con il riposo e dedicare tempo alla meditazione.

La contrapposizione e l'equilibrio di Yin e Yang valgono anche per i cibi

cibi Yin	cibi Yang
zucchero	carne
miele	uova
caffè	formaggio stagionato
cioccolata	sale
spezie	cracker
alcolici	biscotti
frutta tropicale	prodotti da forno
pomodori	
peperoni	
patate	

Ambiente cucina armonioso, funzionale e ben illuminato; piani di lavoro di pietra facili da pulire, arredi in bianco lucido che attivano l'energia e ventilatore a soffitto per un perfetto ricambio d'aria

L'ambiente cucina deve unire funzionalità e armonia: la corretta collocazione degli elettrodomestici rappresenta l'equilibrio tra i vari elementi, la terra rappresentata dal cibo, il fuoco dai fornelli e dal forno e l'acqua dal lavello e dalla lavastoviglie

Dal momento che la suddivisione energetica in Yin e Yang vale anche per i cibi, conoscendo se il proprio stato di salute, la propria dieta, la propria attività e il clima in cui si vive appartengono alla qualità più dinamica o a quella più sedentaria, si possono inserire nell'alimentazione gli ingredienti più adatti.

Il bagno

Il bagno rappresenta il fluire dell'energia attraverso il passaggio dell'acqua nella casa; essa simboleggia il benessere e la ricchezza e perciò il bagno posizionato in modo armonico attiva la buona salute e la prosperità economica.
L'acqua come il denaro deve poter circolare in maniera corretta, evitando i ristagni infruttuosi e le perdite.
L'energia dell'acqua è legata ai reni, dove, secondo i cinesi, risiede l'energia vitale: una buona depurazione dell'organismo fa vivere più a lungo e meglio. Tutti gli elementi del bagno devono funzionare alla perfezione ed essere riparati immediatamente, qualora si verificassero delle rotture.
La duplice valenza dell'acqua, come elemento portatore di vita, ma anche come distruttore, impone la giusta collocazione del bagno all'interno dell'abitazione per non incorrere in spiacevoli squilibri.

Attenti ai rubinetti che perdono!

La goccia che cade in continuazione o lo scarico che non smette di scorrere sono come un buco in un sacchetto di denaro: se non si provvede subito alla sua riparazione, ci si può ritrovare senza una lira sul conto in banca.

Il bagno ideale

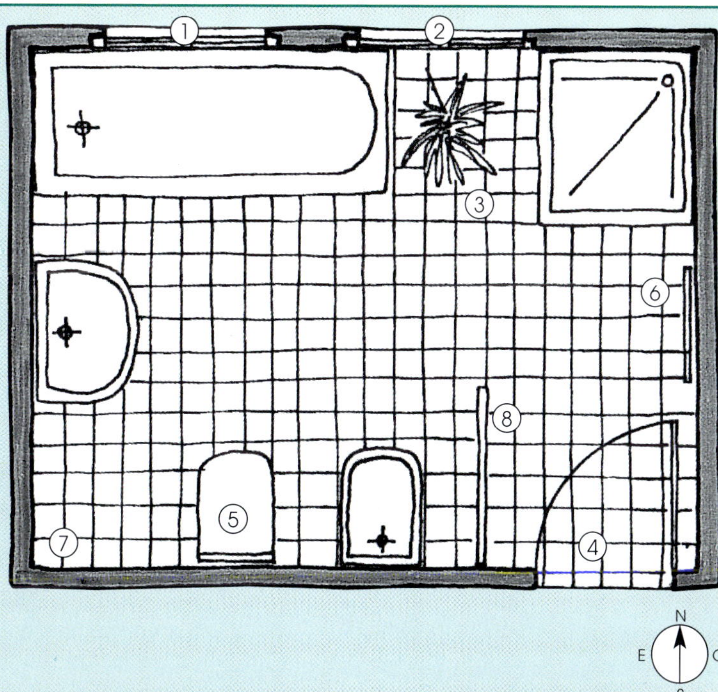

1. L'esposizione a nord corrisponde all'elemento acqua.
2. Il locale deve essere luminoso e aerato naturalmente; qualora sia cieco, bisogna usare piastrelle di colori chiari, lucide e luminose.
3. La presenza di una pianta rafforza il significato vitale dell'acqua.
4. La porta apre verso l'interno per favorire il flusso dell'energia.
5. Il water deve esseretenuto chiuso per impedire che lo scarico assorba l'energia presente nell'abitazione.
6. La collocazione di un dipinto raffigurante monti alti o fiumi che scorrono fa aumentare il flusso di Ch'i benefico.
7. La decorazione blu delle pareti richiama l'acqua ed è simbolo della benedizione celeste.
8. Per maggiore armonia si può schermare la vista del gabinetto.

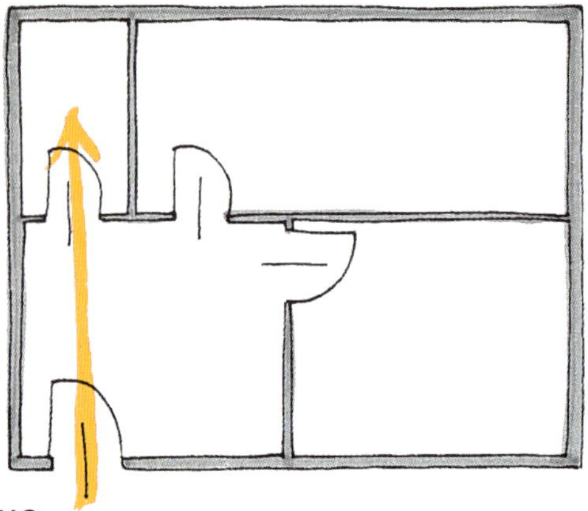

NO

Il bagno non deve mai trovarsi di fronte alla porta principale

NO

La testata del letto non deve mai essere appoggiata alla parete che confina con il bagno: gli scarichi dell'acqua portano via l'energia a chi riposa

NO

Il bagno non dovrebbe mai trovarsi al centro della casa poiché scarica l'energia dell'intera abitazione

CONSIGLI PRATICI

Usare colori chiari.

Assicurare buona aerazione o ventilazione in mancanza di finestra.

Evitare che i bagni e i servizi igienici si trovino nei pressi della corrente della porta d'ingresso dell'appartamento: troppa energia andrebbe persa attraverso lo scarico del bagno.

La presenza di piante e di una sfera di cristallo sfaccettata appesa di fronte alla finestra può aumentare l'energia della stanza.

L'acqua è simbolo del benessere e per questo un servizio igienico collocato nell'area della ricchezza (vedi pag. 126) può significare anche perdita di denaro.

Un bagno piacevole e ordinato favorisce la salute, agendo sull'energia dei reni, e incrementa la ricchezza.

Il bagno di fronte all'ingresso o in asse con la porta principale fa defluire troppo velocemente l'energia del Ch'i in entrata, con conseguenti possibili disturbi renali e problemi finanziari.

È meglio che il bagno sia collocato a nord, nella direzione cioè dell'elemento acqua, deve essere aerato e illuminato naturalmente, piastrellato con colori vicini al blu e alle sue tonalità; non si deve dimenticare; infine, che quando ci si lava, in realtà si purifica anche lo spirito e ci si sente meglio, se nel fare ciò ci si trova in un ambiente piacevole e caratterizzato da armonia ed equilibrio energetico.

RIMEDIO ALL'ERRATA POSIZIONE DEL BAGNO

I bagni collocati nel posto sbagliato possono essere "energicamente sigillati", collocando all'altezza degli occhi qualcosa che riflette e che rigetta il Ch'i indietro, come uno specchio,
una targa d'ottone, un punto adesivo rosso oppure un simbolo protettivo personale che "sorveglia" la porta.

Un bagno armonioso dove prendersi cura del proprio corpo; il colore blu richiama l'elemento acqua, mentre il giallo ricarica di energia

Il bagno deve essere un ambiente bello e armonioso, in cui l'acqua vivifica e purifica il corpo, dandogli l'energia per affrontare il nuovo giorno o il piacevole relax dopo le attività quotidiane; deve essere facile da pulire e ben aerato, sia naturalmente che mediante una ventola

La camera da letto

La camera da letto è il luogo più intimo di tutta la casa, poiché è spiritualmente legato alla parte più profonda dell'inconscio: dovrebbe sempre essere collocata nella zona posteriore della casa o dell'appartamento, idealmente nel quadrato in alto a destra del Ba Gua, che rappresenta l'area della relazione, dato che lo stare bene con se stessi facilita sicuramente i rapporti con gli altri. Assimilando simbolicamente questo locale a un utero, la sua energia è la più femminile e dolce di tutta la casa. La camera ha bisogno di avere un'atmosfera di sicurezza, di calore e di protezione: bisogna tenerne chiusa la porta, curarla e mantenerla in ordine, riordinare il letto, come rivolgendosi verso il proprio intimo, e consentirvi l'accesso solo alle persone cui viene dato il permesso e che sono intime e amiche, oltre che gradite.

Dato che è il luogo in cui ci si risveglia al mattino e dove si vedono le prime immagini della giornata, è meglio che gli oggetti di questa camera siano armoniosi, belli e soprattutto tali da procurare gioia.

La camera da letto è, infine, il luogo dove ci si riposa e ci si ricarica dopo un'intensa giornata: non ci si deve portare a letto il lavoro né mettere una scrivania su cui si lavora nella camera, perché la mente non riuscirebbe a staccare da quello in cui è occupata e ci si sveglierebbe ancora più stanchi di quando ci si è coricati.

La camera da letto ideale

1. Letto posto in diagonale rispetto alla porta.
2. Testata del letto contro la parete.
3. Comodini rotondi.
4. Fiori per dare un'atmosfera di romanticismo.
5. Mensole lontane dal letto.
6. Fotografie di persone care.
7. Ingresso ben visibile e non in asse con la finestra.
8. Comò non incombente.
9. Quadro a soggetto gioioso.
10. Pianta per rinfrescare l'atmosfera.
11. Specchio per riflettere la negatività in entrata.
12. Tende per fermare l'attenzione prima della finestra.
13. Tappeto con colori vivaci.

Camera da letto accogliente e calda dove riposare ed entrare in contatto con la parte più intima della propria personalità

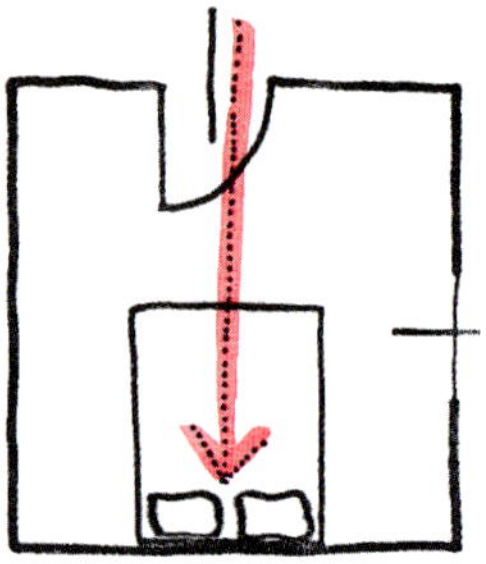

NO

Con il letto frontale alla porta il flusso del Ch'i colpisce direttamente chi riposa

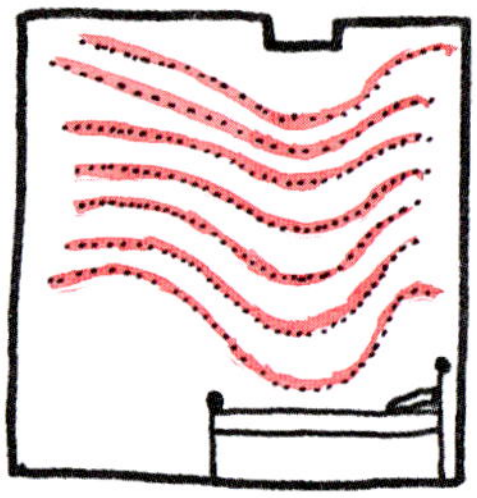

NO

Una trave sopra il letto esercita una pressione dall'alto contraria al moto respiratorio

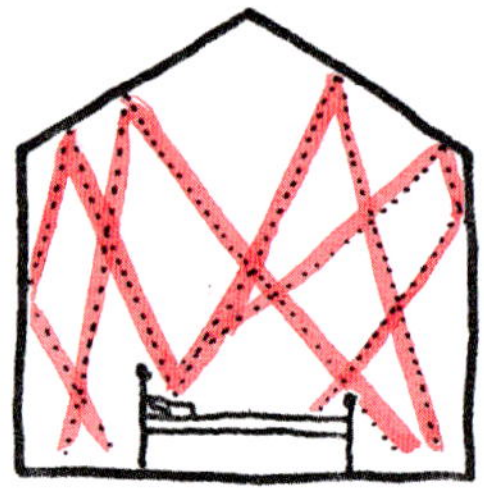

NO

Un tetto spiovente genera un rimbalzo di energie: c'è troppo movimento per riposare, mentre è ideale come stanza da gioco per i bimbi

NO

Un lampadario sospeso sul letto provoca una cascata di energia a pioggia su chi riposa e influenza i flussi di energia del locale

Consigli pratici

Tenere ordinata la stanza.

Preferire letti di legno, materassi in fibre naturali e lenzuola di cotone o lino.

In un letto matrimoniale costituito da due materassi singoli, questi devono venire uniti da un lenzuolo unico.

È bene avere un nuovo letto, un nuovo materasso, nuove lenzuola ogni qualvolta si cambia abitazione o quando si inizia una nuova relazione sentimentale.

Attenzione

I letti assorbono più energia rispetto a tutti gli altri complementi d'arredamento, perché ci si trascorre almeno un terzo della vita e perché dormendo ci si scaricano le proprie tensioni.

La camera da letto è il luogo dove ci si raccoglie in se stessi: deve essere calda, avvolgente e comunicare un senso di sicurezza e di benessere. La porta deve essere ben visibile dal letto per poter controllare chi si avvicina

La camera dei bambini

La camera dei bambini deve essere localizzata in una zona appartata dell'abitazione, in modo da rappresentare la parte intima del bambino che si va formando, per il quale quella camera costituisce il proprio mondo per molti anni: spaziosa e luminosa, deve consentire al bambino di crescerci bene e di poterla usare, come di solito accade, non solo

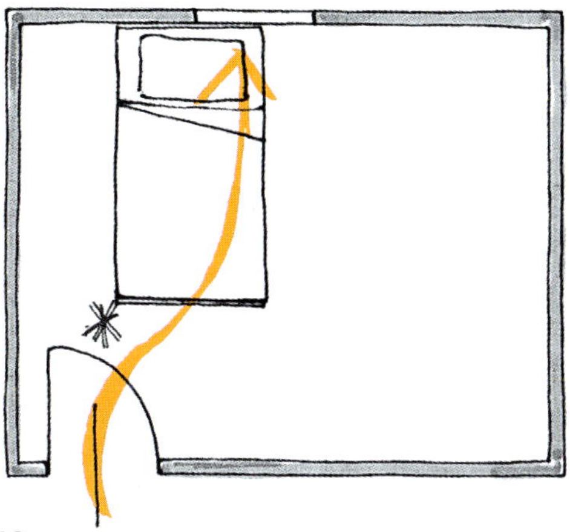

NO

Il letto si trova tra la porta e la finestra, in questo modo si è travolti dalla corrente del Ch'i; si può sistemare un paravento, un divisorio oppure un carillon che, appeso al soffitto, interrompa il Ch'i

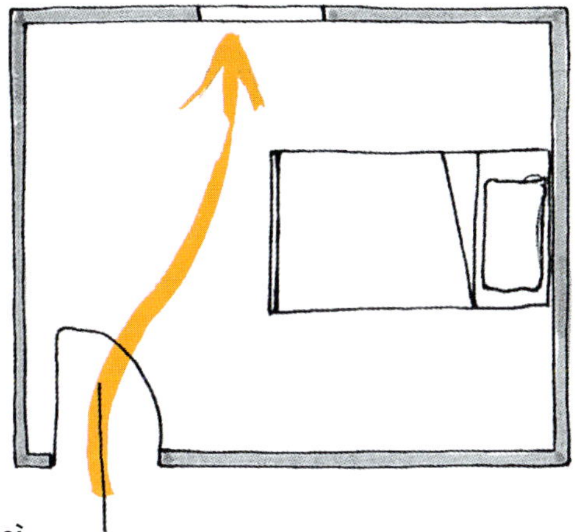

SÌ

Il letto è collocato in una posizione corretta, abbastanza distante sia dalla finestra che dalla porta

La camera ideale

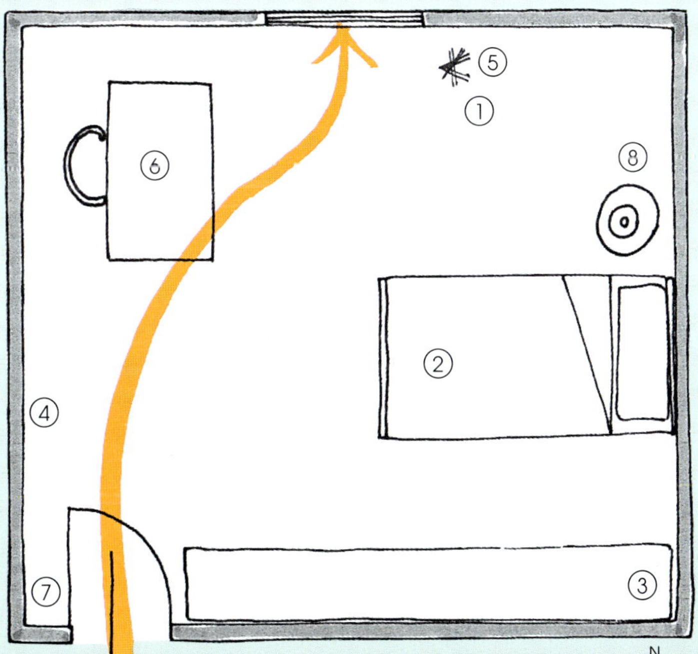

1. Camera ampia e molto luminosa.
2. Letto lontano dalla finestra.
3. Mobili con colori chiari e forme morbide e arrotondate.
4. Pareti con colori chiari e quadri che trasmettono gioia.
5. Carillon appesi al soffitto.
6. Scrivania con alle spalle una parete protettiva e con la possibilità di controllare le persone che entrano nella stanza.
7. Sonagli appesi alla porta che avvertono dell'ingresso di qualcuno nella stanza.
8. Lampade che fanno una luce calda molto simile a quella naturale.

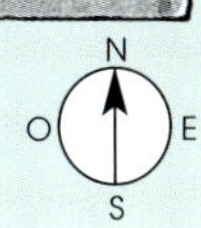

per dormire, come fanno gli adulti, ma per giocare, ricevere gli amici, fare i compiti di scuola, e spesso anche come luogo ideale dove mangiare.
Conviene pertanto scegliere colori chiari sia per le pareti che per il soffitto, pavimenti in materiali caldi come il legno o la moquette, una buona illuminazione soprattutto per la sera; è meglio evitare mobili incombenti e scuri, e prediligere arredi con colori chiari, spigoli smussati e forme anche divertenti. I colori dominanti nelle camere dei bambini dovrebbero essere il bianco, l'azzurro e il crema, se il bambino è nato in estate o in primavera; se invece è nato in autunno o in inverno, i colori da prediligere sono il verde, il rosa e il giallo.
L'importante è che la camera venga sentita dai bambini in tutto e per tutto come il loro "regno".

La camera dei bambini deve essere il luogo dove gioco e creatività aiutano a crescere in serenità

La camera dei bambini deve essere lo spazio in cui essi creano il loro mondo e crescono in un ambiente allegro e pieno di luce

Consigli pratici

Collocare il letto il più lontano possibile dalla porta e soprattutto non sotto una finestra.

I mobili presenti nella camera dei bambini devono essere chiari e avere forme morbide e arrotondate.

Scegliere possibilmente colori e arredi, motivi e quadri che trasmettono gioia.

I carillon appesi al soffitto sono particolarmente adatti perché richiamano un'energia leggera e vitale.

A causa dello spazio limitato è talvolta difficile collocare la scrivania nel luogo più appropriato. Potendolo fare, il bambino non dovrebbe mai sedere con le spalle rivolte alla porta, per poter vedere chi entra, né direttamente davanti a una finestra guardando verso l'esterno, per non essere distratto mentre sta facendo i compiti; è sempre meglio avere una parete protettiva alle spalle.

La posizione ideale della scrivania è laterale rispetto alla finestra, con le spalle rivolte verso la parete e lo sguardo in direzione della porta; se la posizione è sbagliata, si può ricorrere a uno specchio che consenta di avere il controllo di cosa accade dietro.

La scrivania, inoltre, deve essere posizionata in modo che il bambino guardi a nord: la direzione dell'acqua influisce sul corpo, garantendo la tranquillità durante lo studio.

Non dovrebbero trovarsi troppo vicino al letto degli apparecchi elettrici quali computer, impianto stereo, televisore e radiosveglia: l'energia che essi producono agisce maggiormente sui bambini che sugli adulti e può, in casi particolari, addirittura impedire una crescita normale.

Lo studio

I Cinesi chiamano questo luogo Ming Tan'g; in esso l'elemento centrale è una sedia con schienale alto, un'avvolgente protezione che tiene lontano dagli spiriti maligni. Molto spazio deve essere riservato ai libri e ai documenti, senza però che questo costituisca un elemento opprimente; l'ordine e l'armonia sono fondamentali per lavorare in serenità senza essere distratti.

Lo studio ideale

1. Orientamento a nord-est.
2. Pareti di colore rosso, associato alla fama e fortuna.
3. Poltrona accogliente e molto confortevole.
4. Quadro che rafforza la stabilità e aumenta la concentrazione.
5. Arredo semplice ed essenziale.

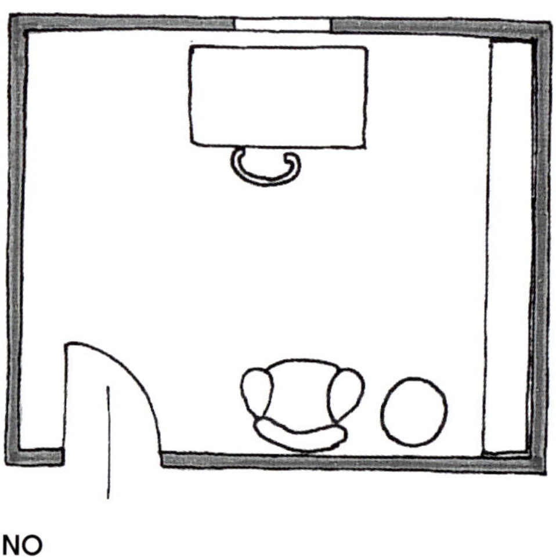

NO

Le spalle sono rivolte verso la porta: questa posizione della scrivania non consente di concentrarsi, poiché non si vede chi entra nel locale

NO

Con questa disposizione si può vedere più facilmente chi arriva, ma alle spalle non si hanno comunque protezioni

Lo studio, essendo la parte della casa più dedicata all'uomo, è bene che abbia anche una zona libera dove potersi rilassare in una poltrona, leggendo un libro oppure ascoltando la musica.
L'oggetto che è al centro dello studio è sicuramente la scrivania; è preferibile che questa abbia una forma rettangolare, a indicare la concretezza con cui ci si applica al lavoro, e sia disposta con alle spalle una parete portante, elemento di solidità.

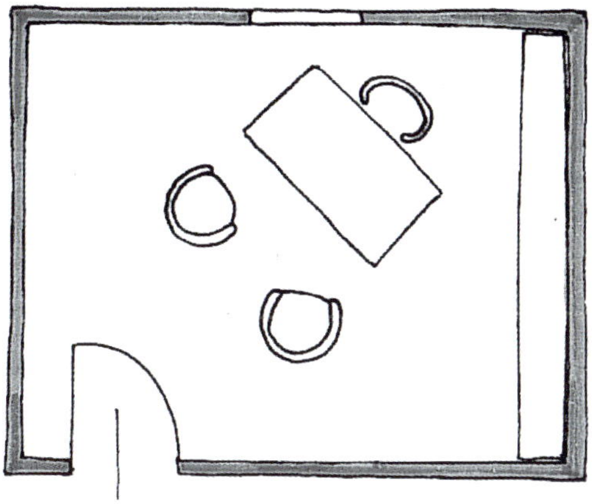

SÌ

La scrivania rivolta verso la porta e in obliquo evita la corrente tra porta e finestra, consente di avere il muro alle spalle e favorisce la luce naturale sul piano di lavoro

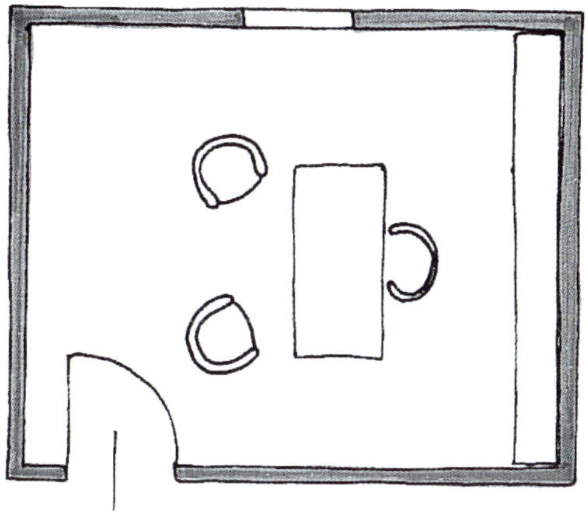

SÌ

L'ospite non è in una buona posizione, ma si hanno spalle coperte e un buon controllo su tutta la stanza; la biblioteca dietro la poltrona è bene sia dotata di ante per evitare spigoli nella schiena

Lo studio è il luogo dedicato ad attività sia professionali che di svago, di lettura e apprendimento. Lo spazio dedicato alla biblioteca non deve essere troppo incombente, perché la cultura è un piacere e non un peso

L'ambiente dedicato allo studio deve essere luminoso e accogliente; una scrivania dove sedersi a scrivere e un comodo divano dove distrarsi con una piacevole lettura

CONSIGLI PRATICI

Mantenere se possibile lo studio separato da altri ambienti della casa.

Nella soluzione ottimale la finestra deve essere sul lato sinistro, con piacevole vista e buona aerazione. Qualora ciò non fosse realizzabile il rimedio potrebbe essere quello di appendere su quella parete uno specchio che rifletta la vista di un'altra finestra.

Il colore rosso è ideale in quanto associato alla fortuna e alla fama, usato in tonalità non troppo cariche, oppure come complemento a colori come il blu, nella tinta porpora, o il giallo, con l'arancio tenue.

Lavorare vedendoci bene è fondamentale in quanto aumenta l'impegno e non affatica; per questo motivo l'illuminazione è particolarmente importante: l'utilizzo di alcuni faretti va bene per illuminare l'ambiente ed è necessaria una lampada sulla scrivania.

Evitare decorazioni inutili quali stucchi incombenti, tende troppo ampie, mobilio eccessivamente lavorato: tutti questi elementi sono di ostacolo alla buona circolazione del Ch'i, che è fondamentale in un luogo di lavoro e di applicazione mentale.

L'arredamento deve essere in armonia: evitare la sovrapposizione di stili diversi. Proporzionare gli elementi, facendo attenzione, per esempio, a non accostare una scrivania piccola a una sedia grossa. Prediligere la funzionalità e soprattutto la facilità nel mantenere la pulizia e l'ordine.

Fare sempre in modo di avere alle spalle della scrivania un elemento che rafforzi e accresca la stabilità, come una raffigurazione di montagne.

Appendere un talismano o un dipinto che rappresenti l'acqua assicura un'ispirazione creativa a chi occupa lo studio.

Le forme armoniose delle case contadine si integrano naturalmente nel paesaggio

I LOCALI ACCESSORI: RIPOSTIGLI, CANTINE, GARAGE

Con il termine di locali accessori vengono denominate quelle zone della casa che non sono abitate direttamente, ma il cui utilizzo è fondamentale per la gestione complessiva dell'abitazione.
Proprio perché sono locali in cui ci si sofferma il minimo indispensabile, i garage, i ripostigli, le cantine, così come i depositi degli attrezzi da giardino e i locali dispensa, sono spesso trascurati nella loro struttura e negli impianti. Ogni locale sano deve essere ben aerato, rifinito in intonaco in tutte le sue parti, dotato di una presa di corrente elettrica e di illuminazione, tutto fatto a regola d'arte, anche con tubazioni esterne.
L'ordine è nemico del ristagno di energia, che influisce sull'armonia generale della casa; scaffalature con ogni cosa al proprio posto, pannelli dove agganciare utensili e attrezzi, armadi in cui riporre gli oggetti che patiscono la polvere, saranno il modo migliore per evitare dei punti di intaso energetico e il conseguente indebolimento dell'energia della casa.

I LOCALI ACCESSORI E L'INCONSCIO

I locali della casa che non vengono vissuti direttamente in qualche modo rappresentano l'inconscio: la cantina, la soffitta e il solaio, dove sono ammassate tutte le cose di cui ci si è riusciti a sbarazzare, rappresentano i vecchi problemi irrisolti che ci si porta dietro in attesa di trovare una soluzione.
Liberando questi locali da quanto non è più utilizzabile si fa chiarezza dentro di sé e si è in grado di muovere nuovi passi nella vita.

CONSIGLI PRATICI

Bisogna sempre domandarsi in quale area del Ba Gua dell'abitazione sono localizzati i locali accessori, per evitare di creare delle zone di ristagno in qualche settore della vita.

Verificare lo stato di manutenzione dei locali e realizzare i lavori necessari: nella casa è bene che tutto funzioni, anche quello che non è sempre sott'occhio.

I locali devono essere dotati di aerazione attraverso una piccola apertura o una ventola.

Utilizzare scaffalature, pannelli con ganci e armadi per ordinare gli oggetti all'interno dei locali accessori.

Se un garage si trova in una posizione dominante davanti all'abitazione, potrebbe catturare tutta l'energia, non lasciandola arrivare alla casa.

Se il garage si trova di fianco o davanti alla casa, incombe su di essa e le persone che la abitano si sentono in secondo piano rispetto all'automobile.

Non situare camere da letto sopra i garage, poiché l'energia del metallo disturba chi riposa.

La circolazione dell'energia negli ambienti

Tutto ciò che circonda l'uomo è energia, tutto il creato nasconde dentro di sé una forma di vitalità: un fiume, uno stagno, un prato o un bosco hanno una valenza energetica capace di influenzare l'ambiente circostante.
Lo stesso principio è valido anche per gli oggetti prodotti dall'uomo: un armadio, un vaso, un quadro, una strada, una casa sono il fondamento energetico dello spazio in cui vive l'uomo stesso.
Se tutto ciò che si trova nell'ambiente vive, non può sorprenderci il fatto che anche l'appartamento, proprio come un organismo, viva e abbia bisogno costante di energia vitale.
In un ambiente naturale ogni elemento interagisce con il tutto, allo stesso modo le singole unità di un appartamento possono raggiungere l'armonia, grazie allo scorrere equilibrato del Ch'i attraverso di esse.
Il Feng Shui si dedica all'anima della casa, agli effetti dell'ambiente, ai colori delle suppellettili, preoccupandosi di tutti gli aspetti, fisico, psichico e spirituale: analizza l'individualità di ciascuno e indica ciò che è meglio, offrendo rimedi ed efficaci consigli per vivere in ambienti sani e con felicità.
Ognuno cerca l'ambiente che gli è più congeniale; ciò avviene sicuramente per la scelta della città in cui abitare, della casa dove vivere, anche del luogo di lavoro.
Tale scelta del proprio ambiente è

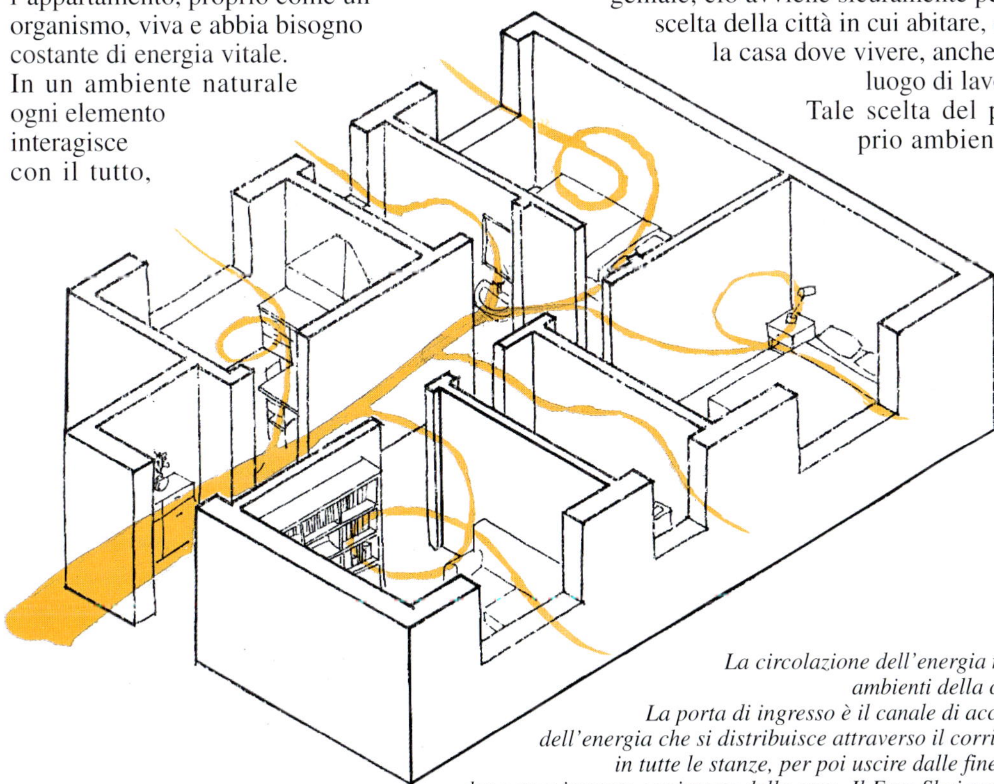

*La circolazione dell'energia negli ambienti della casa.
La porta di ingresso è il canale di accesso dell'energia che si distribuisce attraverso il corridoio in tutte le stanze, per poi uscire dalle finestre, dopo aver irrorato ogni parte della casa. Il Feng Shui verifica che la circolazione del Ch'i avvenga nel modo più armonioso possibile senza incontrare ostacoli*

spiegata dal Feng Shui come la necessità per ognuno di evolversi nel profondo del proprio essere, non limitandosi all'aspetto esteriore e materiale del mondo, ma comprendendo il linguaggio simbolico della realtà.

Come analizzare i flussi di energia

Si dice che gli antichi maestri di Feng Shui analizzassero il fluire dell'energia nei luoghi o nelle case muovendosi come fa l'acqua che scorre: ogni ostacolo incontrato era un momento di rallentamento del flusso e comportava il cambiamento di percorso prima di riprendere il movimento.

Allo stesso modo, quando si verifica lo scorrere del Ch'i nella casa, lo si può fare camminando e notando tutti gli elementi che si trovano sul percorso, soprattutto quelli che impongono passaggi difficoltosi, superamento di ostacoli o anche solo strane gincane.

Gli oggetti che creano un vero e proprio labirinto, mobili mal disposti, porte che si aprono in senso contrario al passaggio, suppellettili abbandonate fuori posto, rallentano il naturale distribuirsi dell'energia nei vari ambienti dell'abitazione.

Questo modo di conoscere la casa, fa capire anche la personalità di chi la abita e che inconsciamente ha creato quegli ostacoli: ciò si riflette sull'intera esistenza personale, che per l'armonia esistente nell'universo potrebbe scorrere in modo più equilibrato.

Consigli pratici

Quando si affronta una ristrutturazione, bisogna prestare molta attenzione a come vengono portati avanti i lavori. Il rispetto di alcune regole fondamentali può aiutare a scongiurare il verificarsi di molti problemi: ci si deve informare sempre sulla storia del luogo; il momento migliore per verificare l'armonia di un luogo è quando si viene in contatto con esso per la prima volta, ossia quando si fa il primo passo in esso.

Riscaldamento a pannelli: tenere conto che il corpo umano con i suoi flussi di energia è più incline a seguire la distribuzione naturale del calore, cioè più caldo verso l'alto e più fresco in basso.

La circolazione dell'acqua può comportare la distribuzione nei locali di un'ulteriore energia di disturbo.

L'impianto di riscaldamento centralizzato effettua un ciclo di rivitalizzazione dell'acqua che armonizza l'effetto sull'ambiente circostante e aumenta il grado di efficacia del riscaldamento stesso.

Evitare di avere nell'appartamento finestre e vetrate troppo grandi: il Ch'i della casa sarebbe perturbato e diminuirebbe la protezione necessaria.

Verande e giardini d'inverno devono essere stabilizzati con campanelli a vento, piante o anche cristalli.

I locali troppo aperti aumentano notevolmente l'inquietudine e l'instabilità.

Evitare un arredamento troppo leggero, l'arredo deve avere un effetto di equilibrio e di centratura.

Evitare spigoli che formano un Ch'i tagliente e impediscono all'energia di scorrere uniformemente.

Evitare colonne che ostruiscono o ombreggiano l'ingresso.

Talvolta, però, non sono solo gli elementi mobili all'interno della casa a creare disarmonie, ma può accadere che la struttura stessa dell'ambiente abbia bisogno di correzioni. Il modo di verificare ciò è lo stesso di quello descritto precedentemente, poiché è sempre di flusso energetico che si parla.
Accanto al metodo dinamico di analisi, esiste sempre l'ascolto delle sensazioni che gli spazi abitati trasmettono. Queste sensazioni possono ricondursi al senso di disagio che si avverte in una zona della casa, alla paura provata nel percorrere al buio il corridoio, al fastidio di fronte a un oggetto, e ancora al senso di chiuso che una piccola finestra trasmette.
Tali emozioni, cui non si presta attenzione o che addirittura vengono rimosse, tolgono energia e fanno stare male proprio dentro la casa, dove invece ci si dovrebbe sentire al meglio.
Dunque, con una semplice "passeggiata" per casa e qualche attimo passato ad ascoltare il proprio corpo, si può analizzare il Ch'i dello spazio in cui si vive e trarne utili indicazione sull'armonia di quanto sta intorno.
Nel caso in cui ci si trovi di fronte a qualcosa di difficile da analizzare, l'aiuto di un esperto di Feng Shui può aiutare a mettere chiarezza, ricordando sempre che ognuno è in grado di vedere molto di più di sé di quanto possa farlo chiunque altro: la cosa più difficile è volerlo fare.

Come attuare la correzione dei flussi

Nel caso in cui l'analisi della casa riveli alcune anomalie o ostacoli nella circolazione del Ch'i, si possono mettere in atto alcuni rimedi.

Strutture eoliche: appese alla porta possono fungere da segnale per informare chi abita nella casa che qualcuno sta per entrare.
Indicano anche il superamento di un confine e possono essere utilizzate per dividere singole aree spaziali dal punto di vista energetico, soluzione necessaria quando una stanza viene destinata a usi differenti. Per stabilizzare e trattenere l'energia, le strutture eoliche possono essere appese anche vicino alle chiusure dei balconi, alle uscite che portano al terrazzo e nelle verande invernali.

Illuminazione: la luce solare regola l'attività di ogni singola cellula e influisce quindi su tutti gli esseri viventi.
La vita dell'uomo, oggi, si svolge prevalentemente in ambienti chiusi illuminati in modo artificiale e spesso si trascorre molto tempo senza un vero e proprio contatto con il sole.
Questo contribuisce a esaurire le risorse di energia: vivere in locali male illuminati limita enormemente il Ch'i.
Un appartamento deve poter offrire una grande quantità di luce, perché simbolicamente essa porta nella vita energia e vitalità.
Le lampade devono produrre luce calda e piacevole; si devono utilizzare diverse lampade nei locali in modo da poter scegliere l'intensità preferita di illuminazione.
Quelle a risparmio energetico sono stancanti e per questo non dovrebbero essere utilizzate; i faretti, i lampadari di cristallo, se posizionati in modo corretto, aiutano ad aumentare il flusso del Ch'i. Stanze e soffitti che provocano un senso di oppressione possono essere migliorati con luci che riflettano verso l'alto, preferibilmente lampade alogene o applique.

Specchi: qualsiasi materiale riflettente può respingere un'energia negativa, Sha. Per proteggersi dai flussi negativi vanno bene l'ottone, l'acciaio levigato, la ceramica, lo smalto lucido, il vetro, lo specchio; in particolare, spesso si sottovaluta l'importanza delle targhette d'ottone oppure dello smalto lucido delle porte.
Gli specchi "attraggono" energeticamente l'ambiente: questa caratteristica viene utilizzata nei casi in cui alcune caratteristiche del paesaggio particolarmente ricche di energia, come un mare o un prato fiorito, devono essere trasportate all'interno di un ambiente, cosicché le persone che vi abitano possano fruire del loro Ch'i.

Gli specchi, inoltre, hanno un effetto amplificante, danno una sensazione di profondità, aprono un locale e, rendendolo più luminoso, ne rafforzano il flusso di Ch'i: sono indispensabili per equilibrare eventuali carenze negli appartamenti con planimetrie irregolari.
Essi, infine, dovrebbero sempre essere puliti e privi di graffi: per questo motivo vanno evitati gli specchi antichi e quelli molto opachi, che hanno perso gran parte delle caratteristiche riflettenti.
Rimedi efficienti possono anche considerarsi le **sfere colorate riflettenti** che, come uno specchio curvato verso l'esterno, riflettono l'ambiente circostante.

Alcuni esempi di intervento

Vengono ora descritti e illustrati alcuni casi in cui si è intervenuto, secondo le direttive e i consigli del Feng Shui, nell'equilibrare l'armonia di determinati ambienti.

Il loft

Il loft rappresenta una tipologia abitativa di recente utilizzo, risultato della conversione di ambienti destinati a uso industriale o adibiti a magazzini per realizzare nuovi spazi a uso domestico.
Si tratta solitamente di ampie superfici libere o dotate di una struttura, che consente un'ampia circolazione dell'energia, ma che talvolta crea difficoltà nella suddivisione delle aree destinate ai tipici ambienti della casa.
L'esempio proposto rappresenta un locale magazzino, in un sottotetto, convertito in un'elegante mansarda.

La travatura settecentesca muove l'energia senza incombere sull'ampio spazio aperto

Nella pagina a fianco, pianta di un loft, esempio della combinazione di uno spazio aperto con le specifiche esigenze dell'abitazione.

1. *Ingresso principale: l'energia non trova ostacoli e può diffondersi liberamente in tutto l'ambiente.*
2. *Zona cucina: lo spazio è di dimensioni ridotte ma organizzato in modo da avere separate due zone, una per la cottura dei cibi e una per la conservazione degli stessi. La finestra sopra i lavelli consente un buon ricambio d'aria e una sufficiente illuminazione del piano di lavoro.*
3. *L'angolo pranzo è separato dall'angolo cottura: il tavolo rotondo è ben proporzionato alla stanza che lo ospita; la forma rotonda richiama il cielo e crea un'atmosfera amichevole.*
4. *L'energia viene condotta al piano superiore attraverso la scala in legno; qui si apre la zona soggiorno. L'ambiente di forma regolare e privo di mobili permette all'energia di circolare liberamente e di raggiungere gli spazi successivi. Gli arredi in materiali naturali sono disposti attorno al camino.*
5. *Lo spazio destinato allo studio è separato dal resto dell'appartamento da una parete in modo da garantire una certa tranquillità a chi deve lavorare.*
6. *La zona letto, sebbene comunicante con il resto dell'appartamento, è stata isolata da una parete di mobili, per recuperarne l'intimità.*
7. *La zona destinata agli armadi è molto ampia così da ridurre tutti gli arredi nel resto dell'appartamento.*
8. *Il bagno, sebbene di ridotte dimensioni, è stato comunque ricavato in modo da ottenere una buona aerazione attraverso una finestra aperta nel tetto*

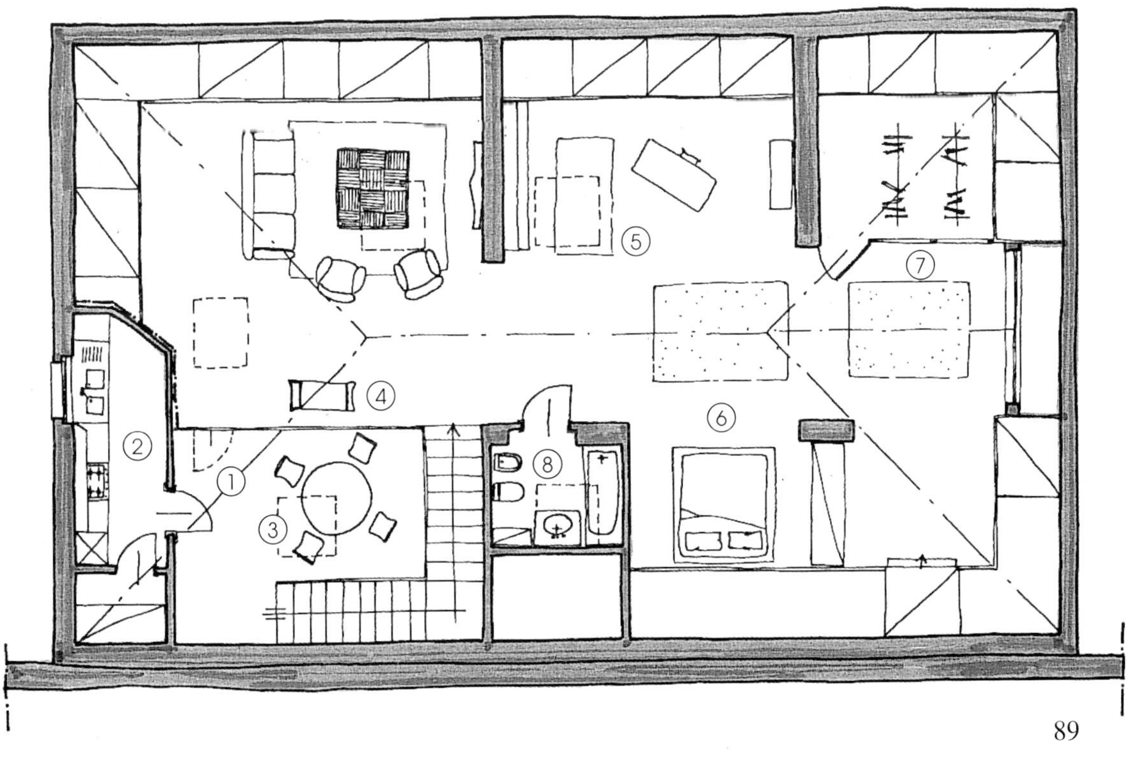
①
②
③
④
⑤
⑥
⑦
⑧

L'appartamento

Si tratta di una tipologia classica di abitazione per una famiglia composta da tre, quattro persone, con una superficie variabile tra i 120 e i 150 metri quadrati. Tutti gli ambienti hanno una loro funzione ben definita, il che rende più facile verificare che tutti gli aspetti della vita domestica abbiano la giusta energia.
L'arredo dell'appartamento è stato realizzato esclusivamente con materiali naturali: mobili in legno, tendaggi in cotone, tappeti in lana, pavimenti in cotto e fibra di cocco per bagni e corridoio, legno per le camere da letto, il salotto e la sala da pranzo. I colori alle pareti sono molto vivaci e allegri e sono stati scelti in modo da armonizzare l'energia dei vari ambienti con la loro funzione.
Sono stati, inoltre, utilizzati una serie di accorgimenti che aiutano a minimizzare i difetti dell'appartamento: campanelli eolici per rallentare e distribuire al meglio l'energia attraverso il lungo corridoio, specchi all'ingresso per riflettere le energie negative. L'elemento vegetazione è presente in tutto l'appartamento, che per altro è molto luminoso e gode di una piacevole vista sia sul lato strada che sull'interno, dove una grande pianta rallegra tutto il cortile.

Ambiente armonioso creato con l'accostamento di avvolgenti sedute in morbida stoffa, arredi d'epoca in legno pregiato, pareti chiare, un moderno focolare e un lucido pavimento in cotto

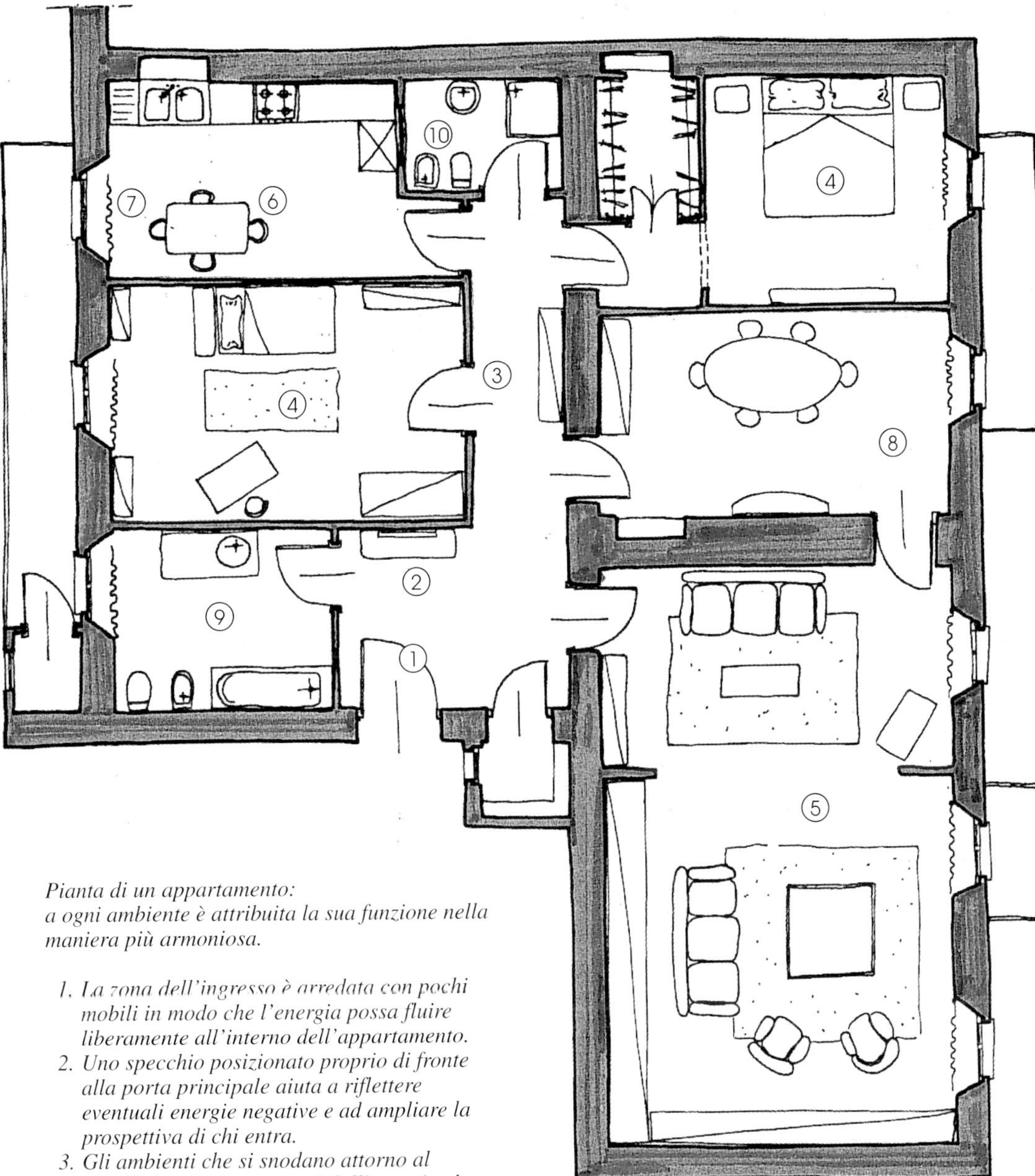

*Pianta di un appartamento:
a ogni ambiente è attribuita la sua funzione nella maniera più armoniosa.*

1. *La zona dell'ingresso è arredata con pochi mobili in modo che l'energia possa fluire liberamente all'interno dell'appartamento.*
2. *Uno specchio posizionato proprio di fronte alla porta principale aiuta a riflettere eventuali energie negative e ad ampliare la prospettiva di chi entra.*
3. *Gli ambienti che si snodano attorno al corridoio vengono pervasi dall'energia che fluisce lentamente grazie ai lampadari e ai campanelli eolici posizionati lungo il percorso.*
4. *Le camere da letto sono ampie e arredate in modo essenziale; la cabina armadio permette, infatti, di ottenere uno spazio ideale per ritirare tutto quanto necessario, senza dover appesantire l'arredo con ampi guardaroba, spesso opprimenti.*
5. *Il salone è molto ampio e diviso in due zone: una più raccolta, ideale per la conversazione, l'altra arredata in modo da avere un piccolo spazio dove poter guardare la TV.*
6. *La cucina, molto spaziosa, è stata progettata per avere anche una zona per consumare i pasti in maniera informale, senza utilizzare la sala da pranzo.*
7. *La porta finestra diffonde la luce nell'ambiente e consente un comodo accesso al balcone sul cortile.*
8. *La sala da pranzo è stata arredata con mobili semplici e molto lineari che garantiscono un'atmosfera accogliente e tranquilla durante il consumo dei pasti con gli amici. Il tavolo ovale favorisce l'armonia.*
9. *Il bagno più grande di colore blu è stato studiato per ospitare anche la lavatrice.*
10. *Il bagno più piccolo è stato piastrellato con colori chiari in modo da minimizzare il problema della poca luce e delle ridotte dimensioni*

Il villino

Il villino rappresenta una tipologia molto diffusa in Italia. Realizzato su due piani, idealmente divisi in zona giorno a livello del terreno e zona notte al livello superiore, si affaccia solitamente su di un piccolo giardino. In casi come questo è necessario verificare che la circolazione dell'energia sia equilibrata su tutti e due i piani in modo da rendere armoniosa l'abitazione.

Si può seguire la distribuzione dei vari ambienti sui due piani del villino.

1. *L'ampio ingresso e il corpo scale sono il perno sul quale si snodano tutti gli ambienti del piccolo edificio. Da qui l'energia fluisce in tutte le stanze, dallo studio, progettato per ospitare una grande biblioteca, al salotto comunicante con la sala da pranzo, alla cucina collegata al giardino esterno con una scala in muratura. Tutta l'abitazione è caratterizzata da un grande numero di ampie finestre che illuminano naturalmente tutti gli ambienti, permettendo inoltre un buon ricircolo d'aria.*
2. *Studio – biblioteca: pensato per essere il luogo di lavoro del padrone di casa, ospita un'armoniosa libreria realizzata appositamente sulle quattro pareti, un'ampia scrivania con due comode seggiole per chi sta di fronte; l'ampia finestra dietro la zona di lavoro è ornata con una tenda che ne riduce l'effetto di apertura alle spalle di chi è seduto in poltrona.*
3. *Salotto: sia il divano che le poltrone hanno lo schienale rivolto al muro, così che la parete alle spalle possa trasmettere un senso di sicurezza e stabilità, creando un piacevole ambiente.*
4. *La sala da pranzo funge da collegamento tra il salotto e la cucina; un'ampia finestra offre una piacevole illuminazione.*
5. *La cucina è un comodo luogo di lavoro, ben aerato e illuminato, in cui è disposto un piccolo tavolo dove poter consumare i pasti informali.*
6. *Il bagno è stato diviso in due zone distinte per ottenere un locale destinato a lavanderia.*
7. *Al piano superiore è stata ricavata una grande camera da letto.*
8. *Annesso alla camera vi è un bagno, che crea la zona di intimità del padrone di casa con la moglie. Una parte del primo piano è destinata a un piccolo appartamento indipendente, per alloggiare uno dei genitori della coppia, senza che questo interferisca con la loro vita. Essa è composta da:*
9. *una cucina con area pranzo abbastanza ampia dove poter consumare e preparare i cibi;*
10. *una zona dispensa;*
11. *una camera da letto;*
12. *un bagno;*
13. *una cabina armadio*

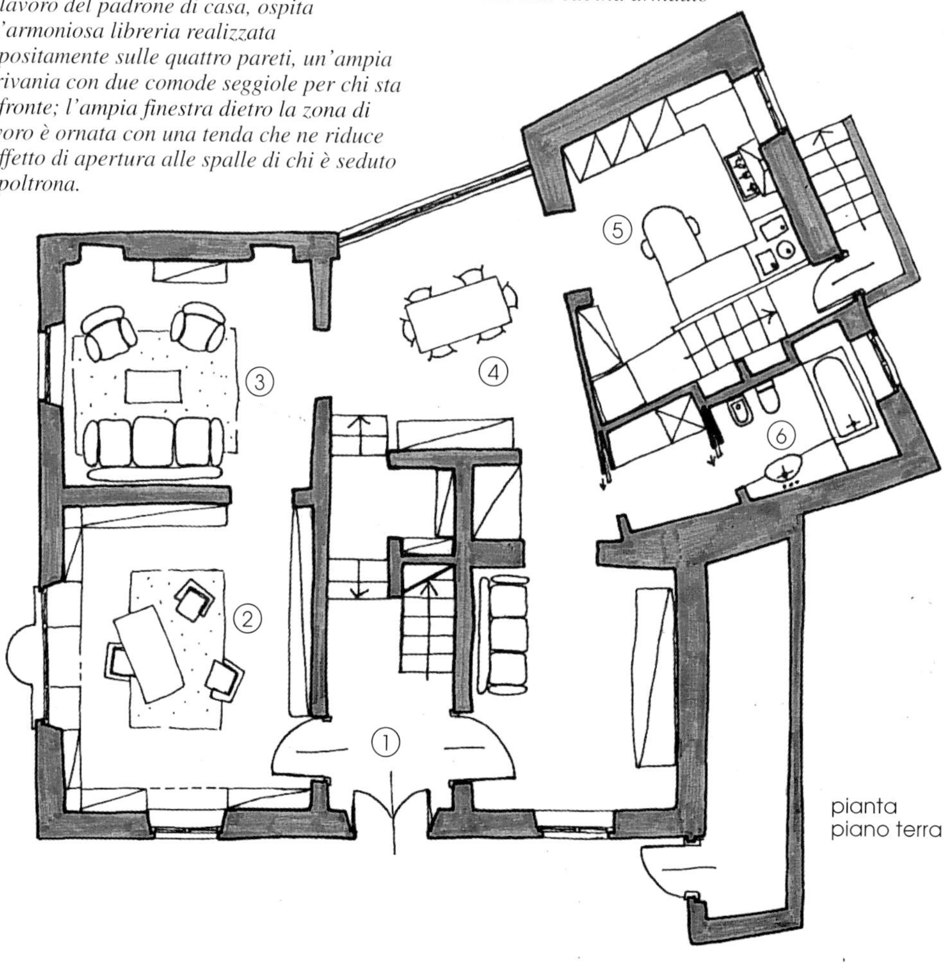

pianta
piano terra

Villetta a due piani dalle armoniose proporzioni

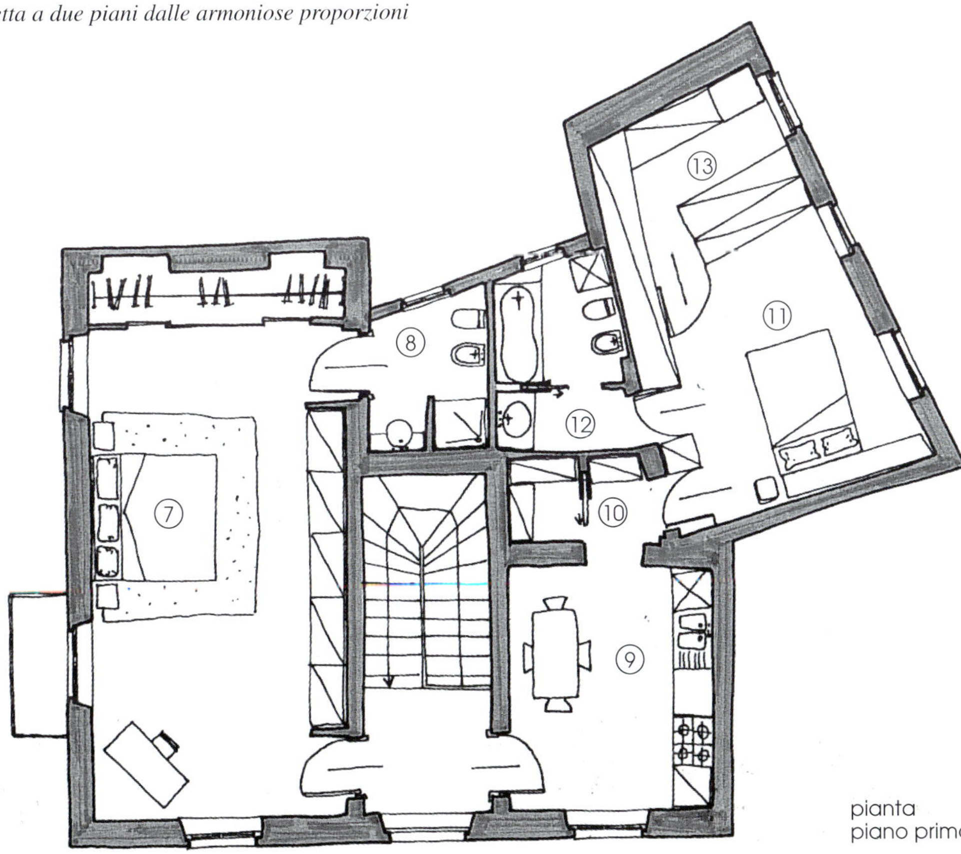

pianta
piano primo

Il monolocale rappresenta un compromesso tra le funzioni dell'abitare e lo spazio a disposizione; in un ambiente unico devono essere concentrati tutti gli aspetti della personalità in maniera tale che siano tutti ugualmente rappresentati.

Ampio monolocale dove hanno trovato posto la zona salotto, il tavolo da pranzo, ripiani con libri, dischi e lo stereo, con una piacevole illuminazione naturale che passa attraverso armoniose finestre

Pianta di un monolocale.

1. *L'energia entra nell'appartamento attraverso la porta di ingresso e da qui si diffonde in tutto l'ambiente senza trovare ostacoli.*
2. *La cucina non è proprio in asse rispetto all'ingresso principale, perché è importante che l'attenzione non venga immediatamente concentrata sul mangiare. Un tavolo di ridotte dimensioni è ideale per consumare i pasti accanto alla zona dove si preparano i cibi.*
3. *Il soggiorno è ampio e raccolto attorno a un piccolo tavolino ovale che favorisce l'intimità. Sebbene le dimensioni siano limitate, si è ricavato uno spazio studio, dove si è potuto sistemare una scrivania e alcune mensole per archiviare i documenti e per tenere una piccola libreria.*
4. *A ridosso della zona soggiorno è stata ricavata la camera da letto sulla quale si apre una cabina armadio, dove poter sistemare abiti e accessori.*
5. *La porta del bagno si trova in posizione laterale rispetto all'ingresso principale, in modo che questo ambiente non funzioni da pozzo dove far precipitare la gioia di vivere*

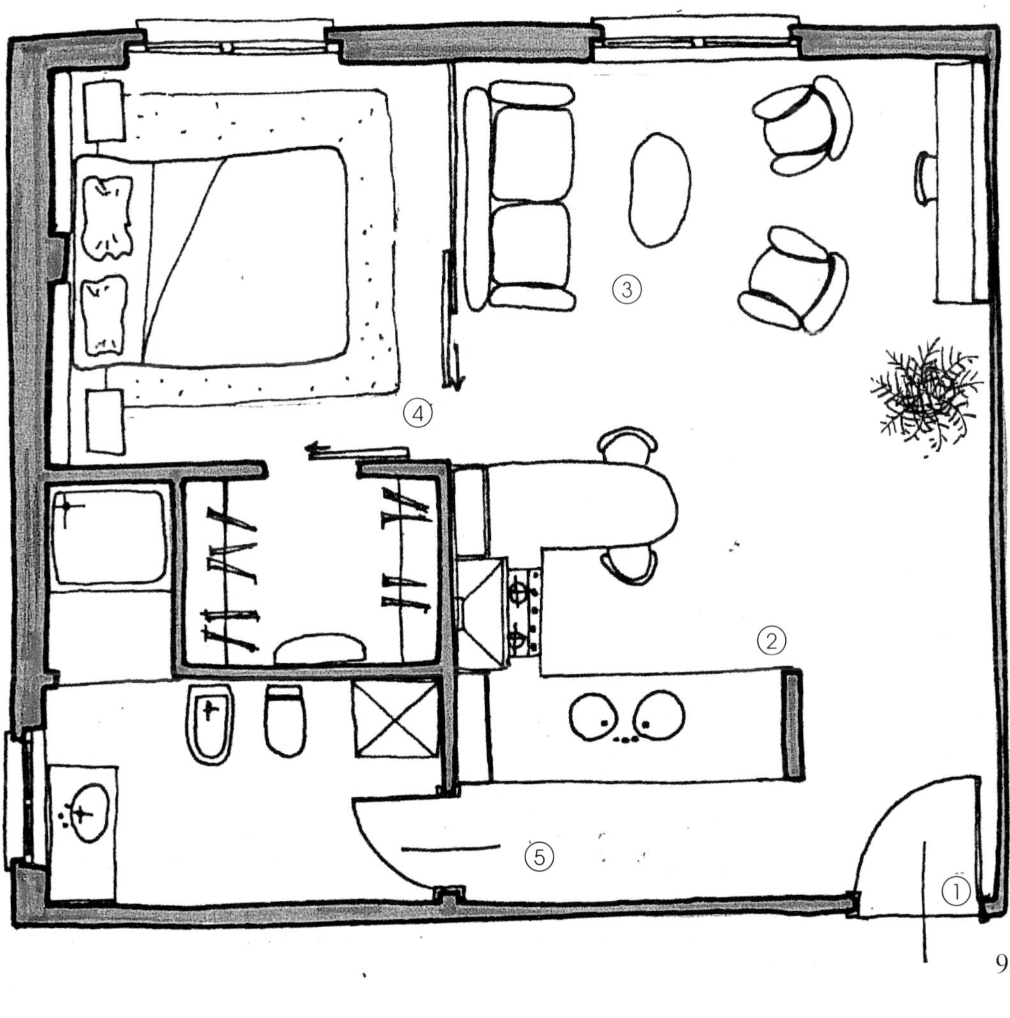

Che cosa vi circonda.
Guardare dalla porta di ingresso, poi da quella del retro e dalle finestre principali se c'è qualcosa che punta nella vostra direzione (antenne, pali della luce, edifici imponenti) e vi dà istintivamente fastidio.
Se questo si verifica appendete uno specchio a forma di Ba Gua sulla porta di casa o fuori dalle finestre.
Attenzione: non utilizzare mai specchi Ba Gua all'interno della casa.

La direzione.
Con una bussola in mano, stando sulla porta di ingresso, stabilire la direzione verso la quale vi affacciate. Se non avete una bussola, lo stradario potrà indicarvi il punto cardinale verso cui punta la vostra casa.
Questo serve a conoscere la direzione di provenienza dell'energia e stabilire dove sono rivolti i vari locali di essa per poi confrontarli con la vostra direzione più favorevole.

L'ingresso del Ch'i.
Assicuratevi che la porta di ingresso si apra completamente nella casa, senza scontrarsi con mobilio o altro ingombro che potete aver creato. Se ci fosse qualcosa di mezzo, rimuovetelo e trovategli un'altra collocazione.
L'energia deve fluire liberamente dall'esterno all'interno della vostra abitazione per avere il massimo dell'effetto positivo.

Il flusso del Ch'i nella casa.
Dopo aver chiuso la porta alle vostre spalle, muovetevi nei vari ambienti, facendo attenzione che il vostro procedere sia libero da ostacoli e sia il più dolce possibile. Ricordate che l'energia muove nella casa allo stesso modo in cui vi muovete voi ed è bene che non trovi intoppi per poter vitalizzare ogni ambiente.

La regolarità della vostra casa.
Schizzate su un foglio il disegno in pianta della vostra abitazione.
Sovrapponete l'ottagono del Ba Gua e verificate se tutte le zone sono coperte oppure ci sono parti mancanti. Se qualche zona è vuota, questo significa che in alcuni aspetti della vostra vita, rappresentati dai vari ambienti della casa, c'è minor energia.
Per ricreare lo spazio mancante, potete utilizzare degli specchi che aumentano otticamente la profondità dei locali in cui sono posti.

La cucina.
Il cibo rappresenta la ricchezza e per questo va trattato con estrema cura. Nessuno deve disturbare chi è intento alla sua preparazione. Per questo motivo è bene che la zona dei fornelli non sia di fronte alla porta, per evitare che chi sta cucinando dia le spalle all'ingresso. In questa situazione bisogna cambiare la disposizione del locale o collocare uno specchio in cui sia possibile vedere la porta.
Controllate che tra il fornello (elemento fuoco) e il lavello (elemento acqua) vi sia un po' di distanza, così come non siano di fronte il fornello (elemento fuoco) e il frigo (elemento acqua), per evitare la conflittualità degli elementi, dal momento che l'acqua spegne il fuoco.

Il salotto e la sala da pranzo.
Evitare che la porta si apra alle spalle di chi è seduto in poltrona o di chi sta mangiando al tavolo da pranzo.
Gli specchi riflettono l'armonia dell'ambiente, per incrementare i rapporti di amicizia nel salotto, e il cibo nella sala da pranzo per raddoppiare il benessere e la ricchezza che esso rappresenta.

La camera da letto.
Nulla deve essere appeso sul letto per non disturbare il riposo.
Non ci devono essere quadri o fotografie con soggetti violenti (battaglie, morti, incidenti) perché agiscono sull'inconscio mentre dormite.
Verificate di non potervi specchiare quando siete seduti sul letto, perché questo rimanda su di voi l'energia che state scaricando durante la notte.
La testiera del letto deve posare contro una solida parete e non essere al centro della stanza.

Il bagno.
Da questo ambiente l'acqua scorre via dalla casa e con essa anche l'energia. Valutate con il Ba Gua in quale settore della vostra vita si trova il bagno e controllate se in esso avvertite un calo di energia o delle disarmonie.
Per evitare scompensi mantenete la porta chiusa e il coperchio del gabinetto abbassato in maniera da evitare la fuga del Ch'i.

Il giardino.
Il sentiero che va dal cancello alla porta di casa deve procedere con leggere curve e non diritto per evitare una "freccia" di energia contro l'abitazione.
Le piante, con energia Yin, devono essere bilanciate da rocce con energia Yang.
Si può posizionare una fontana o realizzare un laghetto con un ruscello che porta l'acqua per muovere l'energia dello spazio, anche se per questo è meglio chiedere il parere di un esperto.

Questi sono i primi passi da muovere quando ci si avvicina al Feng Shui della propria casa.
Provate a fare dei cambiamenti sulla base di queste indicazioni e attendetevi grandi risultati, ma attenti a non fare tutto subito, perché allora potrebbe prevalere una sensazione di spaesamento.
Tutti i cambiamenti devono essere graduali e armoniosi: questa è la regola fondamentale del Feng Shui.

È l'opera di un artista la camera da letto che ci avvolge con la volta stellata e le pareti colore blu intenso, il talamo sognato da tutti. Niki de St. Phalle al "Giardino dei Tarocchi", nei pressi di Capalbio in Toscana

Armonia di forme, colori ed elementi nell'ambiente naturale australiano

Il giardino

L'arte del Feng Shui aiuta l'uomo a creare un habitat armonioso, non solo all'interno della sua abitazione, ma anche nello spazio che la circonda: il giardino è il luogo dove si possono riequilibrare i vari aspetti della personalità attraverso elementi naturali.

L'armonioso insieme di verde, alberi, rocce e acqua crea l'energia del giardino che diffonde il suo benessere all'ambiente circostante

Giardini e culture

In tutte le culture i giardini hanno giocato un ruolo importante per la vita delle persone, sia come spazi per rilassarsi, sia come terreni dove coltivare cibo e far crescere erbe medicinali o ancora come simbolo del legame profondo con la terra.
Nel mondo islamico i giardini richiamavano le immagini del paradiso tratte dal Co-

Il cortile di una villa palladiana in provincia di Vicenza si apre su di un ampio parco attraverso un cancello in ferro battuto

rano, con fontane e vegetazione lussureggiante. In Grecia venivano realizzati giardini accanto ai templi, con piante che fornivano un po' d'ombra ai fedeli. In occidente i monaci creavano nei monasteri i giardini di erbe medicinali e commestibili a servizio della comunità.

Nei giardini cinesi, secondo il Feng Shui, si incontrano le energie della terra e del cielo per dar vita all'armonia degli elementi naturali. L'essenza del giardino realizzato con le regole del Feng Shui è quella di seguire il più possibile la conformazione naturale del luogo e lo spirito del sito.

Attraverso l'osservazione dell'energia delle varie piante si può far in modo di collocarle nel posto migliore e interrarle nel momento in cui possano seguire i loro cicli naturali di sviluppo.

Lo scopo è quello di creare un tranquillo spazio caratterizzato dall'energia Yin della vegetazione per equilibrare il mondo Yang in cui si vive.

Pianta di un giardino.

1. *Si avanza lungo un percorso sinuoso che rallenta il passo. La pavimentazione è realizzata in materiale robusto, quale pietra o mattoni.*
2. *Barriera con palizzata che divide le proprietà e stabilisce il confine.*
3. *Siepe che ripara dalla strada smorzandone i rumori e allontanando gli sguardi indiscreti.*
4. *Rocce: la scelta di posizionarne tre, o comunque in numero dispari, è la migliore, perché questo numero rappresenta un triangolo. Le rocce sono il simbolo della montagna e rappresentano la potenza dell'energia.*
5. *L'acqua è l'elemento essenziale e fonte di vita, deve essere ben visibile anche dall'interno della casa.*
6. *Alberi ad alto fusto e foglie sempreverdi che simboleggiano la longevità.*
7. *Siepe più bassa che delimita una zona più interna del giardino dove possono trovarsi un orto, un prato per i giochi o un punto più raccolto dove riposare.*
8. *Arbusti, come felci, di piccola taglia che creano equilibrio, formando una simmetria di elementi verdi ai lati del sentiero e della siepe.*
9. *Palo da nascondere*

Gli elementi del giardino

La creazione di un ambiente naturale attorno all'abitazione presuppone la conoscenza dei cicli stagionali, in cui esso subirà vari cambiamenti: è bene quindi lavorare tenendo conto di un periodo di circa un anno per poter osservare quello che accade nello spazio verde.
Vengono ora analizzati gli elementi fondamentali che devono caratterizzare il giardino.

NO

Sopra a sinistra, i due alberi posizionati così vicino restringono l'ingresso, interrompendo il flusso del Ch'i sia in uscita che in entrata della casa. Sarà difficile per chi abita sia allontanarsi al mattino che rientrare a casa la sera

Le piante

Le piante rappresentano la più grandiosa manifestazione della forza creatrice della natura e caratterizzano l'energia vitale dell'area in cui si trovano.
Nella realizzazione del giardino sono da preferire quelle sempreverdi, simbolo di longevità.
A seconda della zona in cui si abita, è bene piantare alberi che fanno parte della vegetazione locale: sarà più facile il loro adattamento e la loro armonia con altri vegetali presenti nel sito. Nella loro collocazione si deve tener conto dello sviluppo che ogni pianta avrà durante la crescita; si deve evitare perciò di piantare due alberi troppo vicini, per non dover poi essere costretti a trapiantarne uno dopo qualche anno. La stessa attenzione va posta in relazione alla distanza dalla casa: bisogna evitare che crescendo l'albero crei delle zone d'ombra indesiderate, oscuri la visuale dalle finestre, renda difficile l'accesso alla casa, senza contare i possibili danni alle fondamenta, provocati dall'espandersi delle radici.
Le piante vanno scelte per la loro armonia e il colore, in modo da creare un piacevole movimento cromatico accanto alla casa. Conoscendo i mutamenti degli alberi durante le stagioni, si è in grado di avere un giardino sempre piacevole da guardare.
Le piante possono aiutare a creare delle barriere contro il rumore delle strade vicine alla casa, possono oscurare la vista di elementi poco gradevoli del paesaggio, come ospedali, edifici fatiscenti, fabbriche, e ancora proteggere dal vento eccessivo e dalle correnti d'aria.

NO

Sopra a destra, la siepe funge da barriera tra gli occupanti della casa e il mondo circostante: le relazioni con il vicinato saranno sicuramente difficoltose

NO

Una pianta troppo vicina alla finestra impedisce alla luce di penetrare e agli abitanti di guardare fuori; davanti alla camera da letto ciò può provocare insonnia o incubi

Piante Yang e piante Yin

Le piante rigogliose non sono solo il segno di un giardino ben tenuto, ma soprattutto di energia vitalizzante: si raccomanda quindi un armonioso insieme di piante Yang e piante Yin. Le piante Yang sono quelle che richiedono di vivere alla forte luce del sole, mentre quelle Yin prediligono la crescita nell'ombra.

I fiori

Nel giardino tradizionale cinese la presenza dei fiori è del tutto occasionale, in quanto viene prestata più attenzione alle piante e alla loro forma.
Il fiore viene contemplato come simbolo della bellezza per il suo colore, la sua eleganza e il suo profumo.
Il Feng Shui consiglia di utilizzare i fiori con parsimonia, scegliendoli con cura per attivare con la loro presenza quell'energia con la quale ci si sente in sintonia. Viene suggerita, per esempio, la presenza di viburni o di begonie, che hanno piante maschili e femminili separate, in maniera da mescolare Yin e Yang all'interno dello spazio verde.
Ognuno può, a suo piacimento, piantare fiori nel proprio giardino, tenendo comunque presente che la componente di armonia viene ricercata più attraverso le forme che i fiori, anche perché il tempo della fioritura è limitato, mentre il giardino va vissuto tutto l'anno.

Le rocce

Le rocce sono un elemento importante del giardino in quanto veicolano energia Yang, che riequilibra l'energia Yin delle piante.
Simbolicamente la roccia rappresenta la montagna e di questo bisogna tener conto nel ricercare per essa la posizione più adatta a richiamare l'impressione di stabilità.
Secondo il Feng Shui la parte nord del giardino è il luogo più adatto per realizzare un muro in pietra, che funge da ideale sostegno del sito e ripara la casa nel suo lato più freddo.
Le rocce vanno scelte con cura sia per il colore che per l'aspetto superficiale; sono da preferire i colori più vicini all'elemento terra, come le sfumature di marrone, grigio e nero, piuttosto che il bianco e colori troppo chiari.
In relazione alla superficie si consiglia di scegliere rocce un po' consumate dalla pioggia e dal vento, meglio se smussate dalla forza del mare; serve ad addolcire il loro aspetto rigido.
Anche la forma ha la sua importanza: liscia e arrotondata per avere un'energia più mite, oppure alta, affilata e regolare per imporre un'energia dominante. Di volta in volta sarà bene valutare cosa sia meglio per l'equilibrio del giardino.
Infine, se si utilizzano diverse pietre, il loro numero ideale è sempre dispari.

I laghetti e le piscine

I laghetti e le piscine rappresentano l'elemento acqua, Shui, nella geometria del giardino.
L'acqua è la linfa che rivitalizza il terreno nel quale passa, accresce la ricchezza e aumenta la fortuna.
Secondo i cinesi, la posizione migliore per un bacino d'acqua è davanti alla casa in direzione sud.
Nella tradizione occidentale, spesso la piscina viene collocata sul retro della casa, ma non per questo la localizzazione è sbagliata; ogni caso deve essere valutato singolarmente, anche se è preferibile il fronte sud.
La forma del laghetto o della piscina dovrebbe richiamare una sagoma la più naturale possibile, con le sponde inclinate e arricchite di vegetazione. Sono da evitare forme quadrate o rettangolari, poiché inesistenti in natura per le superfici d'acqua. La vegetazione può essere d'aiuto per correggere una piscina dal profilo regolare, poiché, interrompendo il perimetro dei bordi, ne dà una diversa percezione visiva.

Un bordo costituito da pietre lisce è un forte elemento di armonia, in quanto avvicina l'acqua, elemento Yin, e la roccia, elemento Yang.
Solitamente il laghetto viene arricchito di un ponte dalla forma ad arco, per evitare la creazione di una "freccia negativa", Sha, generata dalle linee rette.
A completamento nello specchio d'acqua si può posizionare delle ninfee, simbolo dell'onestà, e farvi nuotare dei pesci rossi, che portano fortuna al giardino e alla vita di chi abita la casa; la combinazione più fortunata è realizzata con otto pesci rossi o dorati e uno nero che crea l'equilibrio.

Il ruscello

La presenza di acqua nel giardino costituisce uno degli elementi fondamentali del suo corretto equilibrio, ma è necessario che sia in movimento: bisogna alimentare il laghetto con un ruscello dall'andamento sinuoso, in maniera da invitare l'acqua a un moto regolare.
La direzione dello scorrimento è solitamente dal nord, legato all'elemento acqua, verso il sud del giardino.
Può essere realizzata una piccola cascata per dare maggior energia all'acqua, offrendo anche una gradevole sonorità al giardino.

Giardino roccioso al Parco del Valentino a Torino: un valido esempio di equilibrato insieme di rocce, energia Yang, e di piante verdi, energia Yin

Fontana nel parco di una villa in Veneto; questo elemento del giardino crea, con il movimento dell'acqua, una forte energia vitalizzante

Il vialetto

Il vialetto rappresenta il modo in cui ci si muove non solo attraverso il giardino, ma anche attraverso i vari aspetti dell'esistenza.
La sua forma deve richiamare un moto regolare e sinuoso, non deve essere oppresso da piante troppo vicine e deve costituire un piacevole percorso su una solida pavimentazione.
Se il vialetto non è ben costruito, si usufruisce con difficoltà anche di tutto il resto del giardino, poiché non si è incentivati ad andarvi a passeggiare.
Non deve essere interrotto da alcun elemento e dovrebbe oltrepassare la casa, in maniera da rappresentare la continuità della vita, di cui l'abitazione è un aspetto, non il termine ultimo.

Le fontane

Oltre a elementi naturali, il giardino può essere anche arricchito da una serie di oggetti che ne mettono in risalto le caratteristiche, come per esempio le fontane.
La fontana attiva il moto vitale dell'acqua; è facile immaginare il giardino di una villa lussuosa con una grande fontana sul fronte, che fa zampillare l'acqua e porta prosperità e ricchezza. Allo stesso modo ogni giardino può essere completato con una fontana, posta in un angolo ben visibile, magari ad alimentare il ruscello che vi scorre.
È bene mantenere l'acqua limpida e sempre in movimento, poiché altrimenti quello che è il simbolo dell' energia vitale potrebbe trasformarsi in un malsano richiamo di insetti fastidiosi.

Le statue

Le immagini, di cui ci si circonda nella casa e nel giardino, stimolano l'inconscio e molte volte rivelano lo stato d'animo e l'umore di chi abita lì.
Le statue nel giardino richiamano l'armonia e invitano la mente a rilassarsi e a godere delle bellezze che stanno attorno.
Statue raffiguranti il Budda o monaci taoisti servono ad allontanare le influenze nefaste e a richiamare il sacro nell'esistenza.
Statue di guerrieri, leoni o draghi erano poste ai lati dell'ingresso di giardini o case a simboleggiare i guardiani della pace domestica e per allontanare i malintenzionati.
I cinesi, inoltre, amano posizionare nel proprio giardino statue raffiguranti animali con caratteristiche precise: i leoni sono il simbolo del potere e dell'autorità, le cicogne della giovinezza, le tartarughe di longevità, e il cervo è portatore di ricchezza.
Bisogna evitare di posizionare statue di uomini famosi troppo vicino alla casa: la loro immagine, posta per essere da stimolo a imitarli, può anche sottolineare l'impossibilità di essere come loro.

La valutazione del luogo

Quando si valuta un'abitazione, si dà un'occhiata in giro per notare gli elementi di carattere positivo oppure negativo.

Caratteristiche positive: vegetazione rigogliosa; uccelli che cantano, case e giardini ben tenuti; terreno fertile; presenza di alberi; aria pulita e in leggero movimento; acqua limpida con flusso moderato.

Caratteristiche negative: acqua stagnante o con moto veloce; pali della luce e linee dell'alta tensione; antenne e ripetitori televisivi; aria inquinata; presenza di ciminiere; eccessivo traffico; vegetazione dall'aspetto poco sano e trascurato; presenza di corvi, gazze e piccioni; giardini incolti.

Statue sul muro di recinzione di un parco nobiliare; questi elementi di arredo dei giardini richiamano alla memoria l'armonia delle figure classiche e fungono talvolta da divinità tutelari della quiete naturale

Il giardino in terrazza

Se non si possiede un giardino, ma si ha a disposizione un terrazzo o un balcone, è, comunque, possibile realizzare un armonioso spazio verde con alcuni accorgimenti.
Innanzitutto si parte dal principio che non si tratta di una questione di dimensioni, ma di proporzioni e armonie.
Perciò, tutto quello che si è detto per il giardino, può essere applicato anche al terrazzo, facendo attenzione ad alcuni aspetti particolari.

- Guardare alla sicurezza: lo spazio del terrazzo è sulla testa dei vicini, e quindi non si può caricare eccessivamente la struttura con pesanti contenitori di terra che possono essere pericolosi; talvolta qualche bel vaso di terracotta può contenere in maniera idonea le piante.

- Verificare l'esposizione e la presenza di vento: un terrazzo troppo esposto al sole richiede una grande quantità d'acqua, mentre il vento eccessivo può rendere difficile la crescita delle piante, o per lo meno indirizzare la scelta verso tipi più robusti.

- Siccome può essere laboriosa la loro manutenzione o sostituzione, scegliere piante non a durata stagionale e possibilmente con una crescita non troppo veloce.

- Il terrazzo verde deve essere un luogo piacevole, dove stare e godere anche la vista esterna: non deve diventare una giungla, né tantomeno oscurare la luce del sole.

- Le piante possono richiamare piccioni e altri uccelli; è bene quindi munirsi di oggetti luminosi e mobili che scoraggino il loro avvicinarsi.

- Disporre lo spazio in maniera che il balcone funga da posto piacevole per rilassarsi all'aria aperta, per incontrare gli amici per una chiacchierata, per far giocare i bambini in tutta sicurezza.

- Non sono necessarie troppe piante o troppi arredi, ma è importante che tutto sia in equilibrio in relazione ai cinque elementi.

Balconi fioriti in montagna; terrazzi e balconi rappresentano l'alternativa al giardino per avere un po' di verde nella propria abitazione

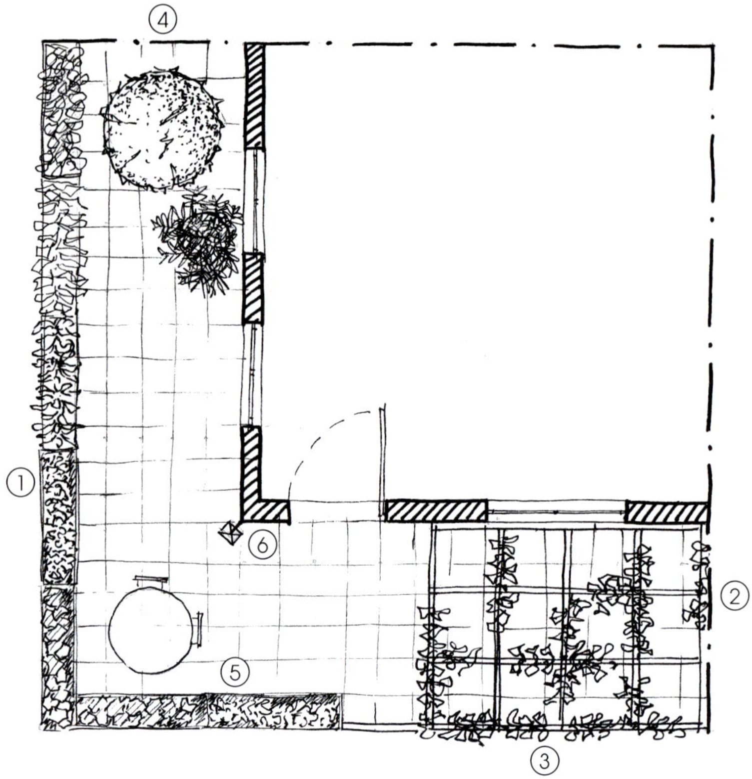

Pianta di un terrazzo.

1. *Fioriere che segnano il perimetro del terrazzo e arrivano fino al pergolato: simbolicamente le piante legano alla terra il terrazzo.*
2. *Pergolato dove si può posizionare un tavolo e delle sedie che fungono da luogo di riunione esterno e dove si possono consumare i pasti.*
3. *In questa zona vengono posizionate delle siepi più alte in modo da creare una privacy maggiore; dei rampicanti possono dare l'ombra indispensabile durante i periodi estivi.*
4. *Qui sono stati collocati degli alberelli ad alto fusto che proteggono dal sole.*
5. *Tavolino rotondo per riempire l'angolo in maniera armoniosa.*
6. *Un campanello eolico o una luce elimina la freccia nociva creata dall'angolo*

Consigli pratici

Nel giardino deve esserci qualche cosa che ricordi l'elemento fuoco, come una lampada, qualche cosa che richiami l'elemento metallico, per esempio una statua, un oggetto che sia legato all'elemento acqua e l'elemento legno, come un albero, un cespuglio o una pianta.

Si deve avanzare nel giardino attraverso percorsi sinuosi.

All'interno del giardino ci devono essere spazi che si contraddistinguono per la loro continuità, per l'utilizzo di diversi materiali e per differenti prospettive, con livelli diversi ed elementi in successione.

Evitare di utilizzare troppe forme o troppi colori che disturberebbero il Ch'i.

Rispettare la simmetria è una delle regole base dell'armonia.

Conoscere lo sviluppo delle piante prima di collocarle; si eviterà di doverle poi trapiantare.

Riparare al più presto eventuali rotture nella pavimentazione del vialetto o del patio; si evita di inciampare e di avere qualcosa che non è piacevole a vedersi.

Evitare di far crescere troppe piante rampicanti sui muri di casa: essi devono respirare, non diventare umidi e soprattutto poter essere facilmente tinteggiati.

Le piante devono costituire un piacevole abbellimento dello spazio attorno alla casa, ma non devono oscurare la vista del cielo, costringere a giri tortuosi, richiedere troppa manutenzione, perché questo andrebbe a discapito del piacere di vivere il giardino.

Il Ba Gua come strumento per realizzare il giardino ideale

1. Area della carriera
Essa può significare i progetti per il lavoro, ma può anche rappresentare il passaggio della vita, con le infinite possibilità che offre. Se in questa area si crea un ingresso ampio, psicologicamente ci si riserva la possibilità di progredire nella vita.

2. Area delle relazioni
È il luogo ideale dove sedersi e intrattenersi in piacevoli conversazioni; una coppia di statue, di piante vicino a quest'area rendono i rapporti tra le persone più stabili.

3. Area degli antenati o della famiglia
Qui si può posizionare una serra, poiché è dal passato che crescono nuovi frutti, o un tavolo da giardino dove la famiglia si può riunire per mangiare.

4. Area della ricchezza
Si tratta del luogo dove creare una vasca per ammucchiare foglie e rami secchi, da utilizzare per fertilizzare il terreno circostante.

5. Area del Tai Ch'i
Rappresenta l'area di connessione tra tutti gli spazi del giardino e per questo dovrebbe restare libera sia da piante che da arredi.

6. Area dei benefattori
I benefattori del giardino sono rappresentati dalle immagini di Budda o di Maia, la dea della terra. In quest'area si possono anche appendere nidi o casette per uccelli, considerati benefattori nei confronti degli insetti del giardino.

7. Area dei figli
Questa area rappresenta i bambini ed è quindi il posto giusto per creare uno spazio di gioco con altalena, anelli e vasca della sabbia.

Il Ba Gua applicato al giardino

Cortile in pietra in una villa palladiana nei pressi di Vicenza; la pavimentazione riprende la forma di un ottagono inscritto in un rettangolo

8. Area della conoscenza
Piantine, arbusti e fiori possono essere coltivati in questa zona, che è anche ideale per meditare o rilassarsi leggendo un libro sdraiati in un'amaca.

9. Area della fama
La fama rappresenta la realizzazione di sé; ciò non significa diventare famosi, ma trovare un'ispirazione per lo sviluppo dei talenti naturali. Il posizionamento di una statua o di una scultura, che richiami la realizzazione di un'artista, è da stimolo alle qualità di ciascuno.

Il corridoio rappresenta il canale principale di distribuzione dell'energia all'interno dei vari locali che a esso sono collegati; colori brillanti, buona illuminazione e soffitto voltato favoriscono la circolazione del Ch'i nell'ambiente

Il luogo di lavoro

L'applicazione dell'arte del Feng Shui al luogo di lavoro è molto importante, dal momento che in questo spazio si trascorre gran parte della giornata e di conseguenza una considerevole porzione della vita. Lo sforzo profuso da ognuno nell'attività lavorativa, sia in termini di lavoro fisico che di denaro, deve essere in perfetta sintonia con l'energia universale, affinché l'impegno possa essere coronato da successo. Vengono ora analizzati un ufficio, un negozio e un ristorante, in quanto i cinesi riservano particolare attenzione al cibo.

L'ufficio

L'ufficio è il luogo di lavoro quotidiano per la maggior parte delle persone. Anche in questo ambiente il Feng Shui può creare armonia e benessere.

L'ubicazione

Gli uffici dovrebbero essere situati in un luogo tranquillo di una zona di grande traffico, il luogo ideale potrebbe essere una strada in prossimità di un incrocio molto frequentato oppure il piano superiore di un edificio con negozi a livello della strada.
L'energia presente in un incrocio è effettivamente molto disturbata, soprattutto se si tratta di strade a senso unico, ma, mentre questo costituisce un problema per un'abitazione, tale movimento energetico risulta assolutamente ideale per luoghi di lavoro che si basano sull'afflusso di clienti.

Un ambiente di lavoro luminoso e armonioso; forme arrotondate, materiali naturali e pareti chiare creano la giusta atmosfera per lavorare a misura d'uomo

Nessun edificio commerciale può nascere come unità a sé stante, ma deve integrarsi in maniera armoniosa con le costruzioni presenti nell'area.
Il suo impatto deve essere corretto e non soggetto a frecce negative da parte di altre costruzioni, provocate solitamente da spigoli incidenti o forme particolari, e allo stesso tempo non deve costituire per essi una forma di aggressione e di relazione conflittuale.

L'INGRESSO E LE PORTE

Gran parte della fortuna dell'ufficio dipende dalle caratteristiche dell'ingresso principale, che deve essere proporzionato all'edificio nel suo aspetto generale e aprirsi nella direzione più favorevole. Se il palazzo appartiene a una società, la direzione più favorevole è quella indicata dalla data di nascita del presidente della stessa (per il metodo di calcolo del numero personale del Ba Gua si veda pag. 121); se l'edificio è in affitto, la direzione generalmente favorevole è in direzione sud oppure sud-est, direzioni che rappresentano la ricchezza.
All'interno dell'edificio la porta dell'ufficio non si deve mai aprire direttamente su di un bagno: tutto quello che entra, dai clienti al denaro, finirebbe con l'andare via troppo in fretta come l'acqua che scorre. La porta che apre direttamente davanti a un'altra crea una linea di energia diretta, che fa serpeggiare il Ch'i attraverso l'ufficio senza che ciò possa creare armonia. La porta che apre davanti a una finestra incoraggia l'energia a volare fuori dalla stessa, senza vitalizzare l'ambiente.
Allo stesso modo è sconsigliabile avere corridoi troppo lunghi o con una finestra in fondo, perché in questo modo l'energia che entra dall'ingresso attraversa l'ufficio senza fermarsi; per rimediare a questo inconveniente basterebbe coprire con una tenda la finestra del corridoio. Se l'ascensore si apre direttamente sull'ufficio, si ha la stessa situazione di un locale senza porta d'ingresso, senza un filtro che regoli l'energia entrante dall'esterno; in questo caso il consiglio è di collocare un divisorio tra l'ascensore e il corpo degli uffici, in maniera che ogni volta che si aprono le porte dell'ascensore, l'aria dell'ambiente venga gradatamente miscelata con quella esterna, senza però creare scompiglio.

NO

L'ascensore è meglio che non si apra direttamente nell'ufficio

I LOCALI E L'ARREDAMENTO

Una buona disposizione degli spazi all'interno dell'ufficio è alla base dell'armonia. Si deve considerare la dimensione e la forma dei vari locali, la posizione dell'ufficio del manager, la distribuzione degli arredi e delle scrivanie e lo spazio di movimento all'interno della struttura. Se l'ufficio è dotato di un atrio d'ingresso, questo non deve essere stretto; nel caso in cui ciò accada, si può rimediare posizionando in modo corretto degli specchi per percepire il locale in maniera più ampia. Nessuno specchio deve essere rivolto verso l'ingresso, perché questo rimanda l'energia senza farla entrare nell'ufficio.
La posizione della scrivania può inoltre influire notevolmente sul rendimento del lavoro; la collocazione ideale per essa è l'angolo di fronte alla porta, in modo che la schiena sia protetta e sia la porta che la finestra possano essere continuamente controllate. Sedere con una finestra alle spalle non è mai consigliabile, perché si ha la sensazione sgradevole di essere senza sostegno.
Per aumentare il senso di solido alle spalle è bene appendere al muro dietro la scrivania un

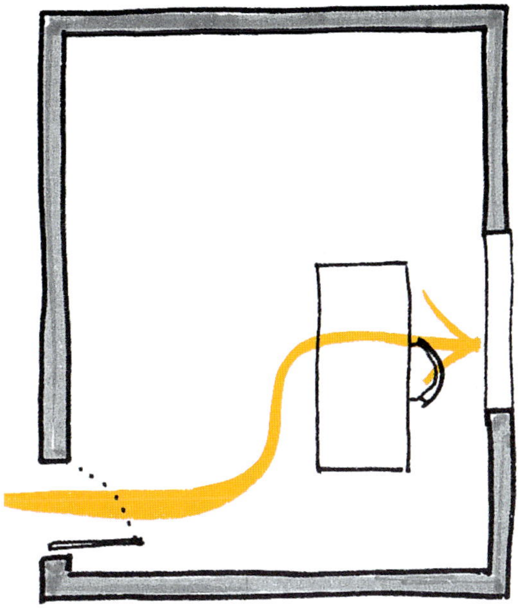

NO

Una finestra dietro la schiena dà una sensazione di mancanza di sostegno

quadro o una fotografia che ritragga delle montagne.
Non va trascurato neanche quello che sta di fronte alla postazione di lavoro, dal momento che può influenzare il Ch'i: si può appendere alla parete di fronte un quadro interessante, un'immagine di allegria, oppure avere una vista piacevole dalla finestra.
Un altro consiglio prezioso è quello di suddividere la postazione di lavoro in zona attiva e passiva, tenendo presente che la superficie che sta immediatamente di fronte a essa dovrebbe essere la zona attiva e quanto più possibile libera.
Si può lavorare con concentrazione solo se i fattori di disturbo vengono tenuti lontani: ogni pratica rimasta incompiuta e ogni foglio di carta sono portatori di informazioni ed emanano vibrazioni che possono distrarre dal lavoro.

ATTENTI ALLE LIBRERIE

Non è una buona idea circondarsi di librerie aperte: esse rappresentano delle lame puntate e pronte a trafiggere. Se sono alle spalle è ancora peggio, perché è come avere dietro qualcuno che sta per colpire con un pugnale.
Il rimedio è chiudere le librerie con delle ante o disporre i libri in maniera ordinata e armoniosa sui ripiani.

Gli angoli acuti delle scrivanie rettangolari poste in un ufficio creano delle frecce aggressive che disturbano l'armonia dell'ambiente di lavoro

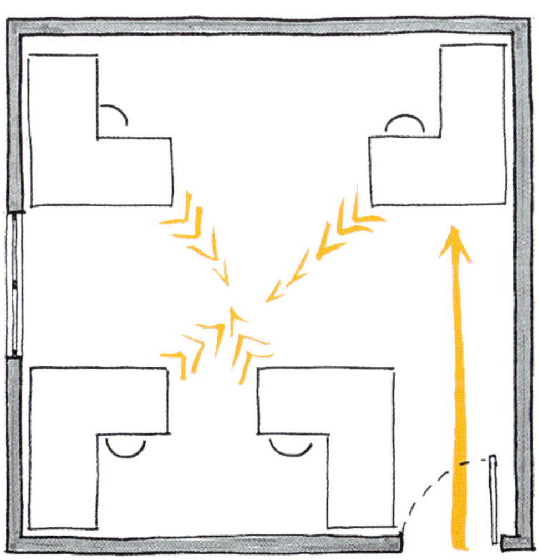

Lo stesso ufficio può essere reso più armonioso attraverso la collocazione di vasi con piante, in maniera tale da ammorbidire gli spigoli e creare una buona circolazione di energia

La fortuna dell'ufficio è nelle mani del manager; il suo posto dovrebbe essere nella zona più interna dell'ufficio, non però alla fine del corridoio.
La direzione della sua scrivania deve seguire il lato ottimale calcolato sulla base della data di nascita.
Qualora vi fossero nella stanza angoli, pilastri o altri elementi di disturbo dell'armonia del locale è necessario utilizzare piante, specchi o campanelli per neutralizzarli.
Bisogna attivare l'angolo sud-est dell'ufficio con una piccola fontana a ciclo continuo, poiché questo rappresenta l'evolvere della prosperità, oppure con una vasca con pesci rossi che rappresentano la ricchezza.

La forma della scrivania può essere determinante: forme rotonde, a semicerchio e ovali favoriscono la creatività e quindi sono molto indicate per attività nelle quali devono essere sviluppate nuove idee; tavoli con forme lineari sono invece adatti per lavori formali, riflessivi e analitici.

Cosa mettere sulla scrivania: il tavolo di lavoro e il Ba Gua

1. Area nord: la carriera
È la parte centrale della scrivania dal lato dove si trova la sedia di chi vi lavora.
Rappresenta l'avvio dell'attività professionale e in concreto è il posto dove collocare l'agenda, controllare il planning settimanale o avere a portata di mano la tastiera del personal computer su cui organizzare gli impegni.
Se la scrivania è dotata di un cristallo, vi si può tenere in bella vista un'immagine o un attestato che ricorda come è stato intrapreso quel lavoro, e che funge da stimolo ogni volta che lo si guarda. Se lo spazio sul piano non è disponibile, si può collocare lo stesso simbolo sotto il piano; in tal caso si attiverà il ricordo a livello inconscio e non più attraverso la sua vista.

2. Area sud-ovest: il matrimonio e le relazioni
Si tratta della zona adatta a tenere il materiale riguardante i clienti più importanti e i collaboratori, in modo da mantenere e consolidare buoni rapporti. Questo è lo spazio dove tenere l'agenda degli indirizzi, i libri paga e il computer con l'archivio dei contatti professionali. Oltre a ciò, in questa parte della scrivania, si può tenere la fotografia del gruppo di lavoro, o quella della squadra aziendale di calcio di cui si fa parte, se ci si riferisce alle sole relazioni in ambito lavorativo, o i ritratti di famiglia, che sono un ottimo stimolo all'impegno professionale.
L'elemento associato a questo settore è la terra e può essere attivato con oggetti in terracotta o in altri materiali, ma di colori che richiamino l'elemento di riferimento.

3. Area est: la famiglia
Rappresenta la storia, il vissuto, di chi è seduto alla scrivania. È la formazione professionale ricevuta, la laurea conseguita, il corso di specializzazione superato o semplicemente la famiglia in cui si è nati. Il passato di ognuno caratterizza il presente e spesso il suo ricordo serve da stimolo per affrontare l'attività di ogni giorno o un difficile incontro che si vorrebbe evitare. È il ricordo delle tappe della storia personale che spinge l'individuo a crescere. Il settore in oggetto, infatti, è legato all'elemento legno, che tra i cinque elementi è quello che rappresenta la crescita, dalle radici alla chioma della pianta, come dai banchi di scuola ai bottoni del tavolo di comando.

4. Area sud-est: la ricchezza
Qui trova spazio il telefono, dal momento che in ogni attività sono di fondamentale importanza i contatti con le persone.

5. Area centrale: il Tai Ch'i
In questo settore è preferibile non mettere nulla, in modo che funga da armonioso collegamento con tutte le altre, consentendo all'energia di circolare.

6. Area nord-ovest: i benefattori
Quest'area è associata all'organizzazione del lavoro e simboleggia tutte le persone che sono in grado di dare un sostegno e un aiuto; è corretto tenervi l'agenda degli appuntamenti oppure la rubrica telefonica.
L'elemento associato è il metallo, che può essere attivato ponendo in quest'area il computer o un oggetto come un fermacarte o un portapenne.

7. Area ovest: i progetti e i figli
Tale settore può aiutare a portare a termine dei progetti e a ottenere il giusto riconoscimento; vi si possono sistemare la posta, i libretti degli assegni, i disegni dei nostri progetti, gli appunti di ciò che si intende fare, le foto dei figli.
L'elemento associato è il metallo, che può essere attivato dal computer, dal telefono o da altri oggetti metallici, come la cornice di una foto.

8. Area nord-est: la conoscenza e il lavoro su di sé
In quest'area si può tenere tutto ciò che riguarda gli aggiornamenti professionali, ciò che si fa per la propria crescita personale, oltre che i nostri hobby, anch'essi una parte importante della personalità di ciascuno.
L'elemento di riferimento è la terra: un piccolo cristallo potrebbe essere l'oggetto corretto per attivarlo; non è importante la sua grandezza, ma è preferibile che sia grezzo.

9. Area sud: la fama e il successo
Rappresenta il coronamento degli sforzi nell'attività lavorativa; il successo e la fama sono la realizzazione personale.
L'elemento di questo settore è il fuoco: una lampada, un oggetto rosso sono ideali per richiamare la profusione di questa energia.
Se in questa posizione si trova la sedia, si può usare un cuscino rosso, oppure si può porre un cartoncino rosso sulla porzione sud del tavolo di lavoro.

Il Ba Gua applicato alla scrivania mostra come disporre gli oggetti per creare il posto di lavoro ideale

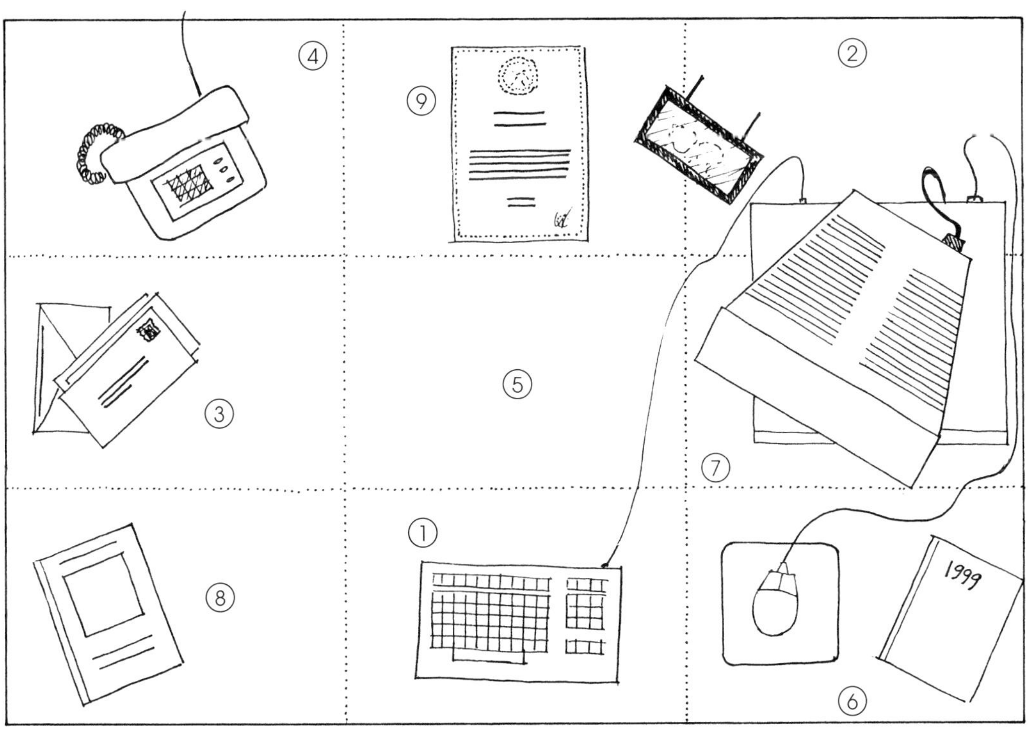

Il negozio

Quanto detto in relazione agli edifici che ospitano al loro interno degli uffici, vale anche per la localizzazione dei negozi nelle varie costruzioni.
L'attività commerciale deve essere aperta verso l'esterno e quindi è molto importante il suo affaccio e il suo modo di presentarsi alla clientela; le vetrine e la porta di ingresso sono fondamentali.

La porta d'entrata

La porta d'entrata deve essere a sinistra, guardando dall'interno, perché in questa direzione è migliore il flusso dell'energia; è da preferire una porta di ingresso grande a una piccola, in quanto i clienti, e con essi l'energia, devono avere facile accesso. Le dimensioni della porta non dovrebbero comunque mai essere inferiori a quelle della porta di ingresso della casa situata sul lato opposto della strada, poiché l'attenzione sarebbe deviata dall'altra parte anziché verso il negozio; per ovviare all'inconveniente è sufficiente mettere due vasi con piante a destra e a sinistra della porta, poiché ciò ne aumenta l'importanza.
Se l'angolo dell'edificio prospiciente punta verso la porta, può creare un'energia aggressiva; è sufficiente mettere uno specchio convesso nel negozio, in modo da riflettere l'angolo che disturba e essere di nuovo tranquilli.
La porta del negozio non dovrebbe mai essere in direzione dell'ascensore, delle scale o della toilette; in tutti e tre i casi l'energia in entrata tenderebbe a imboccare una facile via d'uscita, non beneficando il locale con la sua presenza.
Infine, ma non di minore importanza, un negozio non dovrebbe disporre di più porte d'ingresso, proprio per non disperdere attraverso un accesso l'energia che entra dall'altro.

La forma e l'arredamento

Vanno predilette le forme regolari, libere da colonne, con un'altezza sufficiente per la buona aerazione del locale e per non sentirsi schiacciati dal solaio sovrastante.
Le vetrine devono essere proporzionate all'ampiezza del negozio, non solo per consentire alla clientela un'ampia visuale sui prodotti acquistabili, ma per offrire una buona illuminazione naturale all'interno.
L'illuminazione, anche quella artificiale, è fondamentale per richiamare l'attenzione delle persone e attirare l'energia all'interno del locale.
L'arredamento è un elemento fondamentale per la buona armonia del negozio; con un'attenta disposizione dei mobili è possibile, innanzitutto, correggere la forma della struttura muraria, inglobando le colonne, smussando gli spigoli vivi e mascherando le imperfezioni.
L'arredo deve consentire al cliente di apprezzare i prodotti esposti, sentirsi tranquillo nella sua scelta e percepire un ambiente confortevole; allo stesso tempo il titolare del negozio deve potersi sentire a suo agio, muoversi comodamente per mostrare la merce e avere sotto controllo sia gli scaffali che l'ingresso, per non avere sorprese di furti.
Tutto questo presuppone una scelta distributiva corretta, l'uso di elementi modulari che consentano la ricollocazione al variare delle esigenze e l'utilizzo di materiali gradevoli e in armonia con il tipo di prodotto offerto.

I cinque elementi e la posizione del negozio

La buona armonia del negozio è agevolata da rapporti di buon vicinato con gli altri spazi commerciali, che gli sono accanto; tutto questo è possibile se l'elemento che lo caratterizza è in rapporto armonico con l'elemento che distingue il negozio accanto. Per esempio, un negozio di gioielli, il cui elemento caratterizzante è metallo, non dovrebbe essere vicino a un negozio di mobili, elemento legno, poiché metallo e legno sono in opposizione tra loro.

I colori dell'insegna secondo i cinque elementi

L'insegna dell'attività per poter essere un corretto elemento di richiamo deve potersi leggere bene e avere il colore dei cinque elementi in relazione al tipo di attività commerciale del negozio.
Legno, corrispondente al colore **verde**: fioraio, panificio, libreria, cartoleria, negozio di mobili e arredi.
Fuoco, corrispondente ai colori **rosso** e **lilla**: ristorante, macelleria, negozio di porcellane e di piastrelle.
Terra, corrispondente ai colori **giallo** e **marrone**: negozio di abbigliamento, fioraio, negozio di scarpe.
Metallo, corrispondente ai colori **bianco** e **dorato**: orologeria e gioielleria, ferramenta, banca, oggetti per la casa.
Acqua, corrispondente ai colori **nero**, **grigio** e **azzurro**: negozio di frutta e verdura, pescheria, negozio di bibite, agenzia di viaggi, negozio di automobili.

Infine, la praticità nel compiere le quotidiane operazioni di pulizia e le periodiche manutenzioni va sempre tenuta presente.
Il consiglio che dà il Feng Shui per incrementare le vendite è quello di posizionare degli specchi dietro gli scaffali per dare l'effetto di offrire una "doppia" quantità di prodotti e illuminare bene la merce, sottolineando anche che la qualità è ben visibile e non vi è nulla da nascondere.

Il registratore di cassa

Attraverso il registratore di cassa avviene il flusso di denaro nel negozio; dovrebbe essere posizionato nell'angolo sud-est del locale, area del denaro e della ricchezza, per sottolineare il suo utilizzo. Inoltre, è importante verificare che non sia di fronte alla cucina, nel caso di un ristorante o di un bar, o al bagno, locali dove il nostro denaro può venire bruciato oppure portato via dall'acqua.
Dovrebbe essere vicino alla porta di ingresso, ma non direttamente di fronte. Alle spalle della cassa una parete piena dà sicurezza alla gestione del denaro; l'aggiunta di uno specchio che lo riflette farà sì che questo sia idealmente raddoppiato.

Il ristorante

Il cibo è simbolicamente collegato al benessere e alla ricchezza; il cibo non deve mai mancare, tanto che in oriente ci sono ristoranti che servono da mangiare a ogni ora sia del giorno che della notte.

La cucina

Il punto chiave è la collocazione della cucina: questo è l'ambiente adibito alla preparazione del cibo e il cuoco deve essere felice del luogo in cui lavora per poter trasmettere la sua armonia alle pietanze e farne beneficiare tutti i clienti.
La cucina deve essere posta in modo tale che il cuoco possa vedere chiunque entri, per non essere colto di sorpresa e spaventarsi, con conseguente ripercussione negativa su quello che sta preparando. Il fornello è la fonte simbolica della fortuna, in quanto vi è cucinato il cibo, il quale influenza la salute, le emozioni e il comportamento: una soddisfazione gastronomica è fondamentale per il benessere complessivo dell'individuo.

Il locale e l'arredamento

Il flusso del Ch'i influenza la qualità del lavoro: una circolazione dolce dell'energia migliora la qualità dei piatti e aumenta il volume di lavoro, perché sempre di più saranno i clienti soddisfatti; è una regola del Feng Shui il creare una buona atmosfera per i clienti, cosa possibile se l'ambiente dove è situato il ristorante ha una forma regolare e armoniosa. Gli spigoli vivi, infatti, sono una sorta di aggressione nei confronti della clientela, che li percepisce come un insulto nei suoi confronti. Per i gestori del locale, invece, questi angoli si tradurranno in ostacoli finanziari.
L'arredamento deve essere funzionale e ben

distribuito nell'ambiente in modo da non costringere i clienti a toccarsi stando seduti e i camerieri a fare strani percorsi per servire ai tavoli.

Tavoli rotondi o con gli angoli smussati creano maggiore armonia e fanno sentire meglio chi sta mangiando.

I ristoranti possono trarre beneficio da decorazioni che ne aumentino il successo: elementi rossi quali una tenda, un'insegna oppure dei disegni vanno molto bene, poiché questo colore è complementare al colore naturale dell'elemento fuoco che rappresenta l'area degli affari e il fornello per la preparazione delle pietanze. I cinesi scelgono, per l'arredo e la decorazione, la mescolanza del rosso e dell'oro, che simboleggia la buona fortuna.

Una buona illuminazione caratterizza i ristoranti che hanno un considerevole afflusso di clienti, sia perché la luce è collegata all'elemento fuoco, sia perché essa richiama l'attenzione e la curiosità, motori dell'energia verso i locali.

Specchi alle pareti faranno raddoppiare la clientela, delle piante verdi indicheranno che l'energia Ch'i è in crescita, mentre una vasca in vetro con pesci vivi rappresenterà il denaro. In questo ultimo caso si deve fare attenzione alla sua collocazione, perché l'acquario è efficace nell'area a nord del locale, attivata dall'elemento acqua, oppure in quella nord-est, collegata all'elemento legno.

IL CIBO È BENESSERE

L'ideogramma cinese che indica il cibo viene pronunciato "tsai", che ha lo stesso suono della pronuncia dell'ideogramma che significa "benessere".

Il Ba Gua e la sua applicazione

L'applicazione del Feng Shui secondo l'antica scuola della bussola prende in considerazione gli otto trigrammi dell'I Ching per determinare la direzione e l'area più favorevoli a creare una perfetta armonia, in relazione all'anno di nascita di ogni individuo.

Il Ba Gua e il Lo Shu

Gli otto trigrammi dell'I Ching sono collegati alle direzioni in rapporto ai punti cardinali. Come già si è detto, i trigrammi e le relative direzioni sono disegnati e rappresentati in un ottagono, che viene indicato con il nome di Ba Gua; la sua applicazione all'analisi degli ambienti in cui si vive consente di individuare quali sono gli aspetti più congeniali per raggiungere la felicità nella vita.

La sovrapposizione del Ba Gua alla pianta della casa dà origine a un quadrato suddiviso in nove parti, chiamato Lo Shu, cioè "il fiume", perché sembra che questo quadrato sia stato trovato sul guscio di una tartaruga che usciva da un fiume. I nove quadrati rappresentano gli otto trigrammi con l'aggiunta al centro del simbolo del Tai Ch'i, l'elemento equilibratore di tutti gli aspetti.

Il Lo Shu richiama la pianta quadrata della casa tradizionale cinese, che aveva nella zona centrale il cortile interno, con la funzione di collegamento fra i vari ambienti dell'abitazione.

Il Ba Gua e il Lo Shu creano un sistema di orientamento spaziale da applicare all'abitazione, individuando nove aree di intervento corrispondenti a nove aspetti della vita, la cui realizzazione porta al completamento di ogni individuo:

Il Ba Gua, rappresentato da un ottagono con l'iscrizione degli otto trigrammi, è un simbolo di grande protezione per l'abitazione o l'ambiente in cui viene posto; qui esso è affiancato all'immagine del drago, altro protettore dell'energia del luogo

- la carriera;
- le relazioni;
- gli antenati;
- la ricchezza;
- il Tai Ch'i;
- i benefattori;
- la creatività;
- la conoscenza;
- la fama.

Partendo dalla direzione più favorevole, calcolata sulla base dell'anno di nascita, si vanno ad analizzare tutte le aree della casa, e di conseguenza della vita, in modo da equilibrare le disarmonie esistenti, che non permettono all'individuo di essere felice.

La direzione favorevole e l'anno di nascita

La direzione favorevole varia per ognuno in base all'anno di nascita e al sesso; il suo calcolo è importante per orientare il quadrato magico, Lo Shu, con gli otto punti cardinali del Ba Gua, allo spazio che si intende armonizzare con tutti gli aspetti della vita. Il numero 5 corrisponde al centro e non indica nessuna direzione e nessun trigramma; nel caso in cui il calcolo in base all'anno di nascita desse come risultato 5, esso viene fatto corrispondere al numero 2 per gli uomini e al numero 8 per le donne. Il calcolo del numero natale o numero Gua, prende in considerazione le ultime due cifre dell'anno di nascita che devono essere sommate tra loro.

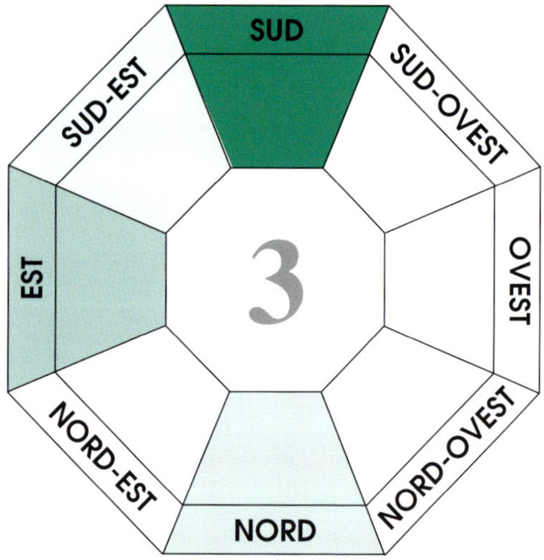

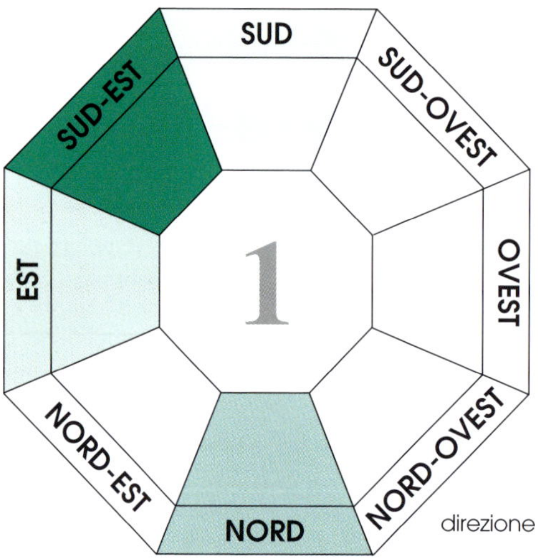

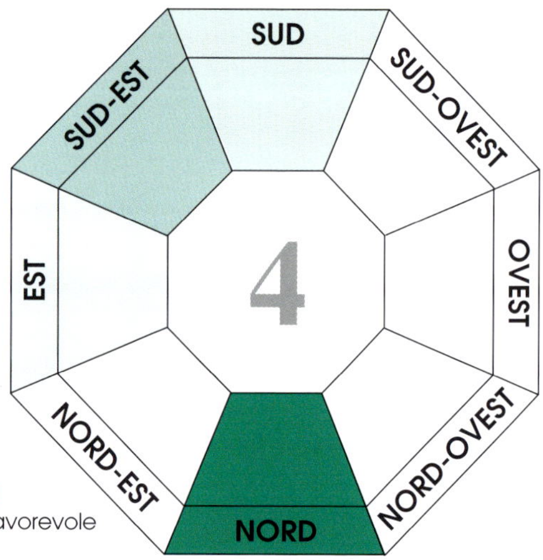

direzione più favorevole

altre direzioni favorevoli

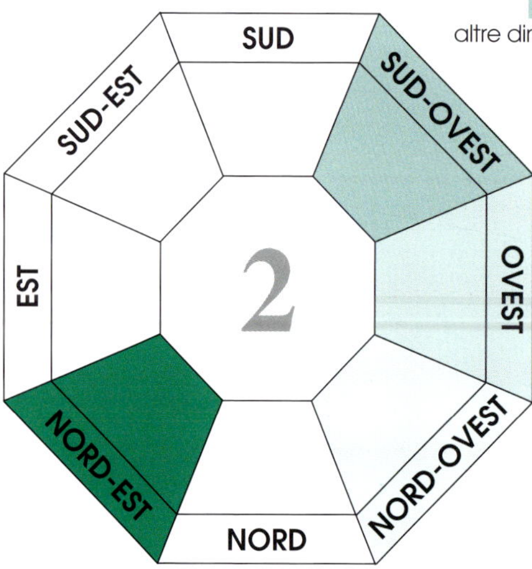

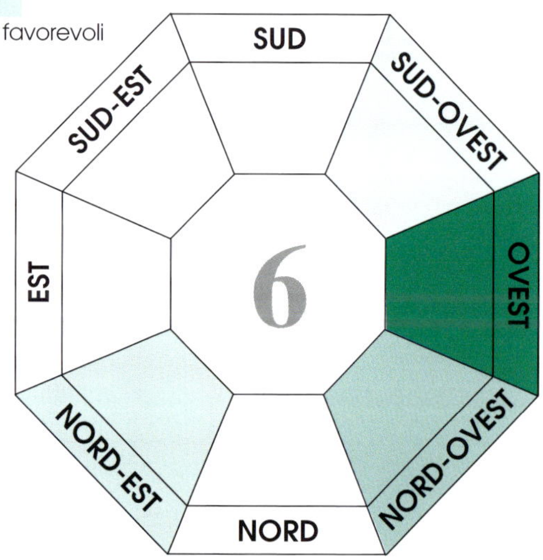

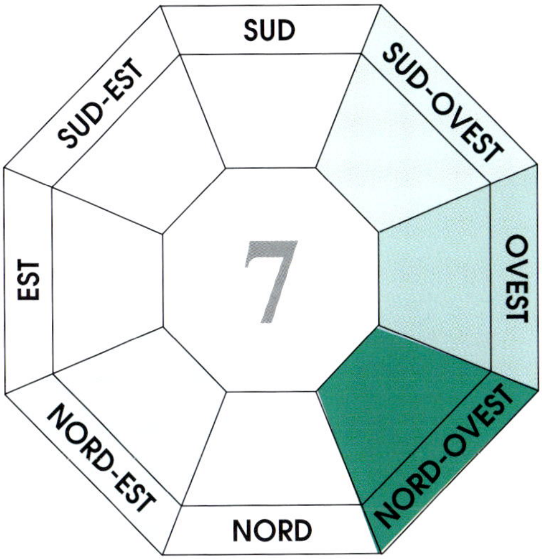

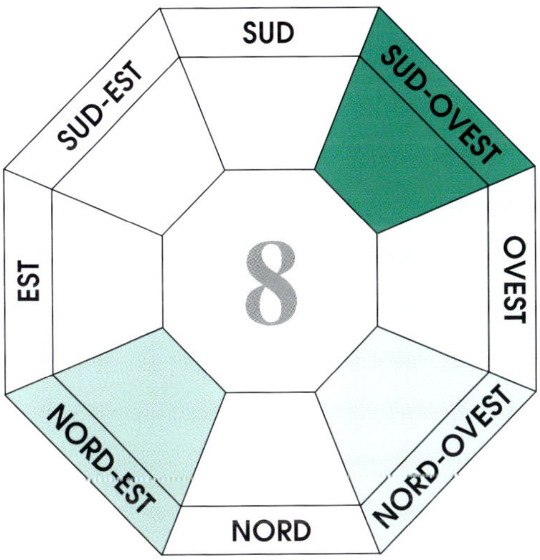

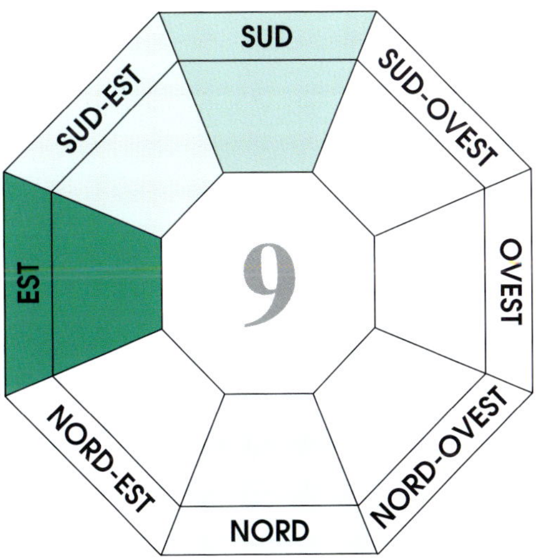

direzione più favorevole	numero Gua	direzione più favorevole	numero Gua
nord	4	nord-est	2
sud	3	nord-ovest	7
est	9	sud-est	1
ovest	6	sud-ovest	8

Per gli uomini, se dalla somma delle due cifre corrispondenti all'anno si ottiene un numero pari a 10 o maggiore, le due cifre devono essere sommate nuovamente per ottenere un numero singolo; il risultato, quindi, viene sottratto al numero 10 e il numero così ottenuto corrisponde al numero natale.

Esempio: anno di nascita 1954;
numeri da considerare: 5 e 4;
somma: 5 + 4 = 9;
sottrazione 10 - 9 = 1;
il numero natale è 1;
la direzione favorevole è sud-est.

Per le donne, se dalla somma delle due cifre corrispondenti all'anno si ottiene un numero pari a 10 o maggiore, le due cifre devono essere sommate nuovamente per ottenere un numero singolo; il risultato, quindi, viene sommato al numero 5 e il numero così ottenuto corrisponde al numero natale. Se il risultato di quest'ultima operazione è pari a 10 o maggiore, le due cifre devono essere sommate per ottenere un numero singolo.

Esempio: anno di nascita 1960;
somma: 6 + 0 = 6;
somma: 6 + 5 = 11;
somma: 1 + 1 = 2;
il numero natale è 2;
la direzione favorevole è nord-est.

Perché il calcolo sia preciso, bisogna tener conto che i cinesi fanno riferimento all'anno lunare e non solare; la prima luna nuova dell'anno, corrispondente al capodanno cinese, cade nei primi giorni del mese di febbraio, quindi i nati in gennaio devono far riferimento all'anno precedente come base di calcolo per il loro numero natale. Per verificare la data esatta del capodanno lunare cinese esistono delle tabelle che sono facilmente reperibili.

L'APPLICAZIONE

Per identificare il Lo Shu, e quindi quale area dello spazio si relaziona con gli aspetti della vita di ciascuno, occorre sovrapporre il Ba Gua alla pianta di una stanza, della casa o del terreno, ricordandosi di far combaciare sempre la sezione K'an, il nord, con la facciata dove si apre la porta d'ingresso, in qualunque direzione essa si trovi. In questo modo si può individuare la migliore posizione di una stanza o di un arredo e generare la corretta energia di sostegno per un aspetto particolare della propria esistenza. Inoltre, la vita è continuamente in evoluzione e momenti positivi e negativi si alternano; con l'uso del Ba Gua si possono affrontare i problemi, vedendoli rispecchiati nello spazio relativo all'area in cui si è in difficoltà, e agendo in maniera dinamica, con spostamenti o rimedi che sono tipici dell'arte del Feng Shui, come statue, specchi, cristalli, luci e pietre. Il Ba Gua può essere allungato o ristretto per adattarsi a case di forma rettangolare, ma non può essere privato di nessuna delle sue parti. Case irregolari, dove manchino uno o più angoli, stanze a elle con nicchie, devono assolutamente essere riequilibrate nel settore del Ba Gua mancante, per evitare che ciò si rifletta sulla vita di chi occupa la casa, provocando un qualche disagio nell'area menomata.

Il Ba Gua rappresenta lo strumento base del Feng Shui secondo la scuola della bussola; è un ottagono dove sono inscritti gli otto trigrammi riferiti alle otto direzioni della bussola; come nella migliore tradizione cinese il sud è posto in alto mentre il nord è in basso

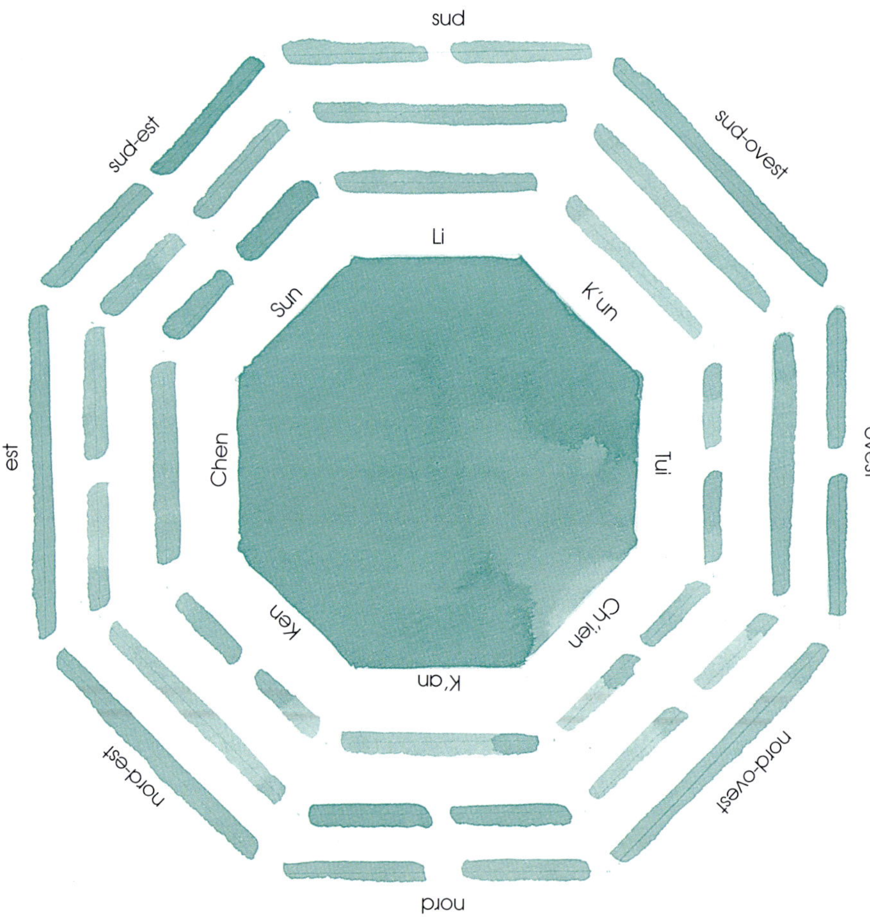

I NOVE QUADRATI E LA LORO DESTINAZIONE

Questa parte è dedicata alla lettura schematica dei nove quadrati del Lo Shu in modo da offrire uno strumento pratico per analizzare i vari ambienti della casa e verificare la correttezza o meno di quello che sta avvenendo in ognuno di essi.

4 RICCHEZZA DENARO	9 FAMA REPUTAZIONE	2 RELAZIONI
3 FAMIGLIA ANTENATI	5 TAI CH'I SALUTE	7 CREATIVITÀ FIGLI
8 CONOSCENZA	1 CARRIERA	6 BENEFATTORI

Il quadrato magico chiamato Lo Shu è derivato dalla sovrapposizione del Ba Gua alla pianta dell'edificio e aiuta l'esperto di Feng Shui ad analizzare un'abitazione o un locale e a verificare la situazione dell'armonia per i suoi occupanti. Ricavando la direzione più favorevole con l'anno di nascita di ciascuno di essi, si riescono a individuare le aree favorevoli della casa, e quindi della vita

Schema della corrispondenza del Ba Gua con le singole aree del Lo Shu:

a. area della carriera;

b. area delle relazioni;

c. area degli antenati e della famiglia;

d. area della ricchezza e del denaro;

e. area del Tai Ch'i;

f. area dei benefattori;

g. area della creatività e dei figli;

h. area della conoscenza;

i. area della fama e della reputazione

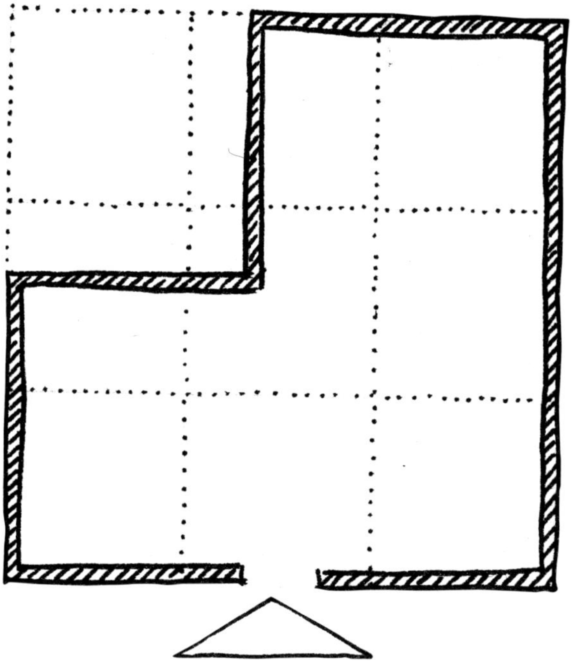

Sovrapponendo il Ba Gua alla pianta di un edificio, bisogna far coincidere la sezione K'an, il nord, con la facciata dove si trova la porta d'ingresso, in qualunque direzione essa sia.
In questo caso, essendo al centro, l'ingresso è nella zona della carriera.
Ne risultano indebolite le aree della ricchezza, della fama, della salute e degli antenati

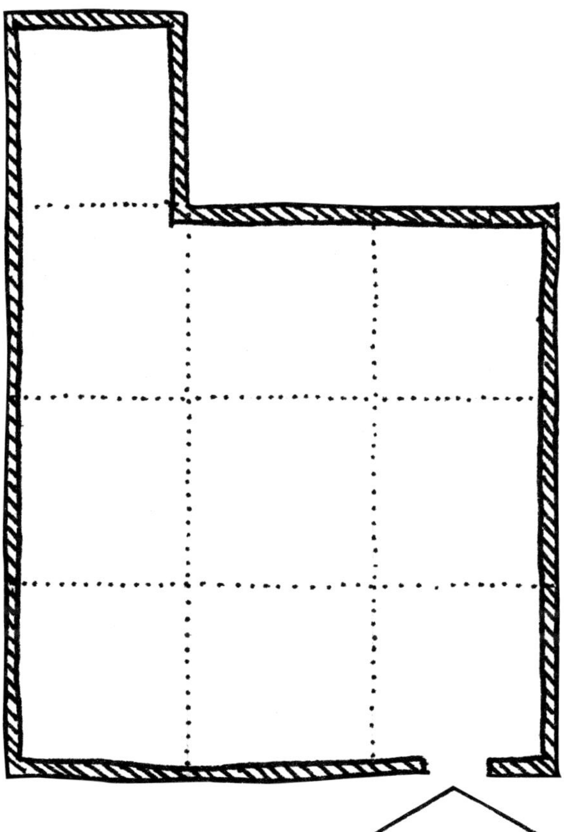

Altro esempio di applicazione del Ba Gua; qui l'ingresso è nella zona dei benefattori; l'estensione della pianta è favorevole per l'aspetto ricchezza

Quadrato 1: Area della carriera

Elemento .... acqua

Organo di riferimento .... reni

Colore .... blu, nero

Ambiente della casa .... bagno

Il viaggio della vita inizia qui; le case più ricche hanno la porta nel mezzo per favorire il flusso dell'energia vitale.
Quest'area indica il movimento dell'acqua, come lo scorrere del fiume che porta la vita.

Come deve essere:

- illuminare bene questa zona: attrarre l'attenzione significa attrarre il Ch'i;
- l'accesso di casa deve essere agevole.

Se è mancante:

- le persone che abitano la casa hanno difficoltà a trovare la loro vocazione;
- la salute generale degli inquilini è piuttosto cagionevole.

Se è molto estesa:

- gli abitanti possono avere più denaro, sono più interessati agli aspetti spirituali e hanno una costituzione sana e robusta.

Cosa mettere: l'ideale è collocare in questa area l'acquario, poster o quadri raffiguranti fiumi, pesci, ruscelli.

Alcune domande per verificare l'area:

- sono soddisfatto del mio lavoro?
- sono remunerato dal mio lavoro?
- ho un buon lavoro?

Quadrato 2: Area delle relazioni

Elemento .... terra

Organo di riferimento .... milza, stomaco

Colore .... giallo

Ambiente della casa .... cucina

Corrisponde alle relazioni sociali ed è associata agli elementi della terra, della fertilità, del calore; si relaziona alla stagione dell'estate, al pianeta Saturno. Qui si è in totale sintonia con il partner, a livello fisico, emozionale, mentale e spirituale. Le relazioni con le altre le persone sono specchio dei lati nascosti della personalità. In quest'area si mostra all'esterno come ciascuno è fatto.

Come deve essere:

- deve essere ampia e luminosa, trattata con colori caldi e resa accogliente da mobili semplici e funzionali.

Se è mancante:

- mancano i principi femminili della vita;
- è difficile per una donna avere delle relazioni sociali soddisfacenti, o trovare il partner della vita;
- le persone che abitano l'appartamento hanno problemi di stomaco, difficoltà a nutrirsi e a nutrire gli altri;
- l'energia femminile può andare perduta; le donne tenderanno a diventare più mascoline.

Se è molto estesa:

- le donne possono diventare più dominanti, in contraddizione con la loro natura, con danni per la loro salute.

Cosa mettere: oggetti morbidi, come tappeti, poltrone e cuscini; piante dalle foglie arrotondate e senza spine; camera da letto.

Alcune domande per verificare l'area:

- come sono le mie relazioni con amici, compagni e colleghi?
- come riesco a comunicare me stesso agli altri?

Quadrato 3:
Area degli antenati, della famiglia

Elemento .... tuono

Organo di riferimento .... piedi, fegato

Colore .... blu, giallo

Ambiente della casa .... soggiorno

Rappresenta le fondamenta per lo sviluppo, il rispetto per la tradizione. Gli antenati aiutano ad andare, ma se si rimane con loro si diventa reciprocamente dipendenti. L'area è in relazione con i tuoni, il pianeta Giove e la primavera; è associata al legno: gli antenati sono il tronco da cui si cresce come rami.

Come deve essere:

- dovrebbero esserci piante che vanno verso l'alto e rappresentano la crescita;
- vi si deve ascoltare la musica: il suono va verso l'alto;
- vi si possono collocare oggetti che spingono l'energia verso l'alto, come statue, lampade a stelo e colonne.

e è mancante:

- non ci si sente supportati;
- ci si sente sempre stanchi;
- si hanno problemi di fegato;
- i figli tendono a uscire presto da casa;
- aumenta l'aggressività, la violenza, l'irritabilità;
- si tende a fare grandi progetti che poi non si è in grado di realizzare;
- aumentano le tensioni in famiglia.

Se è molto estesa:

- migliorano le relazioni sociali;
- c'è più sostegno nell'andare avanti nella vita.

Cosa mettere: stanza dei bambini, ufficio, specie per chi svolge dei lavori saltuari.

Alcune domande per verificare l'area:

- com'è il rapporto con i genitori, gli insegnanti?
- ho un buon rapporto con il mio passato?
- ho un buon ricordo dei miei cari?
- come sono le relazioni con i miei parenti?

Quadrato 4:
Area della ricchezza e del denaro

Elemento .... vento

Organo di riferimento .... cistifellea, muscoli, natiche e vescica

Colore..................................... rosso, verde

Ambiente della casa .... studio, soggiorno

Questa area è in relazione con l'ambito della comunicazione, con la primavera inoltrata, il pianeta Giove e l'elemento legno; ne derivano buoni auspici, buona fortuna, non solo soldi; si tratta della zona, in cui si fa esperienza delle benedizioni della vita.

Come deve essere:

- accogliente e armoniosa, arredata con oggetti che sono cari e che trasmettono sicurezza e prosperità.

Se è mancante:

- ne possono derivare cambiamenti inaspettati, sfortune, difficoltà nel lavoro, nell'amministrazione degli affari;
- le finanze possono essere in difficoltà;
- possono esserci anche incidenti, specialmente se fosse troppo presente l'impulsività.

Se è molto estesa:

- si ha successo più facilmente di altri;
- si ha generalmente buona fortuna in tutti i campi.

Cosa mettere: ufficio, un ripostiglio in cui tutto è in ordine; bisogna evitare la cucina, oggetti pesanti, arredi pesanti, come un pianoforte, o un mobile grande; evitare anche il bagno.

Alcune domande per verificare l'area:

- mi sento fortunato nella vita?
- i soldi sono un problema oppure non ho interesse nell'averli?
- sono spesso sfortunato?
- mi sento a mio agio nel mondo materiale, sia che sia ricco o meno?
- ho difficoltà a pagare i conti?

Centro, quadrato 5: area del Tai Ch'i

Organo di riferimento ....pancreas, stomaco

Colore ....giallo, arancione, marrone

Elemento ....terra

Ambiente della casa...................corridoio

È il punto di riflesso di tutte le attività e per questo è meglio che sia vuoto o il più libero possibile. L'attenzione va data agli aspetti importanti della vita a cui dedicare spazio. Se tutto viene curato il Ch'i diventa Tai Ch'i, la grande energia, la prosperità e salute diventano quello che si inspira, cioè si porta dentro lo spirito. Quest'area si relaziona a Saturno e rappresenta il plesso solare, Hara, il punto di incontro tra l'energia individuale e l'universale. In Cina quest'area è spesso a cielo aperto o comunque aperta; è connessa alla salute e rappresenta lo Yin e lo Yang della casa.

I blocchi nella casa

Blocco nord-sud:
si tratta della direzione del cammino della vita e perciò esso crea intoppo all'evoluzione spirituale di chi abita nella casa.

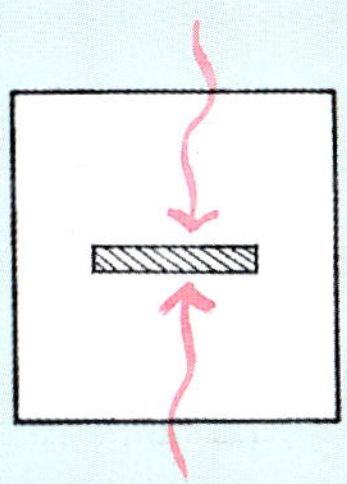

Blocco est-ovest:
sulla direzione del percorso del sole dall'alba al tramonto, ovvero del continuo rinnovarsi della vita nelle sue fasi, tale blocco crea un arresto in questa ciclicità, stabilendo un'eccessiva influenza del passato sul presente e sul futuro. L'esperienza del passato determina e condiziona fortemente il futuro; se vi è un cattivo ricordo del passato, vi possono essere difficoltà a cambiare.

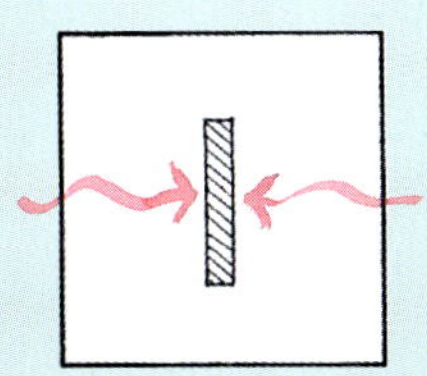

Come deve essere:

- libera, con ampio spazio, ma collegata con l'ingresso;
- deve estendersi per 1/9 dell'area totale, altrimenti risulterebbe troppo grande;
- pulita, ordinata, luogo di passaggio o di incontro, isola di pace della casa;
- se c'è acqua, deve essere in movimento.

Se è mancante:

- non c'è il collegamento con gli altri ambienti, ci si sente senza un punto fermo nella vita;
- può essere sostituita da un'area del soggiorno lasciata volutamente libera per la migliore circolazione dell'energia.

Se è molto estesa:

- rappresenta una grande concentrazione verso il proprio centro, ma è negativa perché si ha la tendenza a trascurare tutti gli altri aspetti che fanno parte delle relazioni con il mondo circostante;
- l'egocentrismo porta all'isolamento e alla mancanza di energia vitale: nella nostra vita è fondamentale la comunicazione.

Cosa mettere: strutture rotonde o ottagonali; se il locale è piccolo occorre allargarlo con degli specchi; da evitare il bagno.

Alcune domande per verificare l'area:

- mi sento stabile e centrato?
- riesco a controllare i vari aspetti della mia vita?
- mi sento confuso nello spazio in cui vivo?

QUADRATO 6:
AREA DEI BENEFATTORI

Elemento ....cielo

Organo di riferimento...............polmoni, intestino, influisce sui dolori alla testa

Colore....................................giallo, verde

Ambiente della casa.................soggiorno

Questa area corrisponde all'elemento metallo, si relaziona a cristalli e diamanti; rappresenta gli amici e i viaggi; è la parte più mascolina della casa e si identifica con l'autunno. Essa è anche associata alla filantropia e alla carità, alla purezza, al rispetto, all'onore e al coraggio.
Si tratta dell'area dei regali del cielo, della luce guida e delle amicizie; è ideale per ricevere persone, per offrire i propri talenti alla gente, nel caso di terapisti, guaritori, per dare e ricevere benefici.

Come deve essere:
- deve essere adatta a ricevere gli ospiti;
- ci devono essere oggetti che sostengono con la loro energia, meglio se regali avuti da amici o immagini che rendono felici;
- possono trovarsi qui statue di Budda o di angeli, che fanno aumentare l'energia.

Se è mancante:
- è difficile per gli inquilini essere felici;
- l'uomo può perdere la vitalità, ammalarsi o avere difficoltà con l'impiego;
- ci si sente abbandonati da tutti e senza aiuti.

Se è molto estesa:
- le persone che abitano in questa area sono più caritatevoli;
- ci si può aspettare di viaggiare molto, di avere molti amici intorno;
- si tende a essere visti dagli altri come grandi amici;
- le donne potrebbero avere una salute precaria.

Cosa mettere: il soggiorno, lo studio in cui si ricevono clienti; oggetti preziosi e regalati; essendo un'area Yang, vanno bene oggetti Yin per equilibrarla: oggetti in pietra, vaso con acqua per fiori, piante con sabbia e roccia, un giardino Zen, una fontana.

Alcune domande per verificare l'area:
- ho amici che mi aiutano?
- se sono in crisi, ho aiuto?
- sono generoso?
- quando ho bisogno d'aiuto, lo trovo facilmente?

Quadrato 7:
Area della creatività e dei figli

Elemento ....lago

Colore ....verde

Organo di riferimento ....intestino crasso, polmoni

Ambiente della casa ......stanza dei giochi e sala da pranzo

I figli sono posti in relazione al pianeta Venere, all'oro e all'autunno; le qualità che sono presenti, se c'è equilibrio, sono il coraggio e l'intuizione; se c'è disarmonia, invece, si ha depressione, gelosia, risentimento. Rappresenta l'area relativa a tutto quello che si crea e a cui si dà vita: sono i bambini, i progetti e i programmi per il futuro. Essa porta ispirazione e dà l'energia delle piante verso l'alto; infatti, in passato quando si costruiva una casa, si piantava una quercia per fare i mobili dei futuri nipoti.

Come deve essere:

- deve stimolare fantasia e creatività;
- possono trovarvi posto libri di viaggi, un tavolo da lavoro, un cavalletto per dipingere o una palestra da casa;
- deve potersi ricreare per dare possibilità di esprimersi come meglio si crede.

Se è mancante:

- si hanno difficoltà a produrre le cose, a portare a termine i progetti;
- non si riesce a tenere il denaro;
- non si pensa ad avere un hobby;
- è poco probabile concepire dei bambini.

Se è molto estesa:

- chi la occupa ha una vita sociale intensa e ama molto il cibo;
- è facile concepire bambini e soprattutto mantenere dei buoni rapporti con loro;
- se la sua estensione supera di oltre 1/3 l'area definita dal Ba Gua, è facile essere indotti al pettegolezzo.

Cosa mettere: un ufficio, uno studio creativo, le piante vi apportano energia di crescita e di sviluppo.

Alcune domande per verificare l'area:

- ho idee creative o utilizzo idee degli altri?
- non ho più avuto nuove idee da anni?
- ho bambini?
- che relazioni ho con i bambini?
- se ho problemi con bambini: sto negando il mio passato?

Quadrato 8:
Area della conoscenza

Elemento ....montagna

Colore ....blu, viola

Organo di riferimento ....pancreas, stomaco, mani

Ambiente della casa ....camera da letto

In quest'area si può realizzare ciò che si vuole che accada nella propria vita, perché tutto dipende dalla conoscenza delle qualità interiori.
La montagna rappresenta l'antica saggezza del mondo e la sua immagine rende forti e sicuri nell'affrontare il cammino della vita. Il desiderio di conoscenza apre nei confronti del mondo e pone di fronte alle situazioni con la curiosità che hanno i bambini di scoprire ogni cosa.

Come deve essere:

- tranquilla e riservata per potersi immergere nella meditazione;
- gli arredi comodi e confortevoli devono accogliere quando si ricerca l'essenza del sapere;
- una luce non troppo forte, i colori nei toni del blu e dell'indaco, la presenza di una libreria, purché non incombente.

Se è mancante:

- ci sono difficoltà a sviluppare la conoscenza interiore;
- si possono avere problemi di fertilità;
- le persone che abitano questo locale non sono abbastanza interessate a imparare qualche cosa di nuovo o a leggere dei libri;
- si tende ad avere una visione piuttosto rigida della vita.

Se è molto estesa:

- si rischia di pensare troppo a se stessi, di diventare persone egocentriche.

Cosa mettere: la biblioteca, un'area di meditazione e di contemplazione, uno studio, un archivio, un posto dove scrivere il proprio diario. Se c'è il bagno, vi si passa troppo tempo.

Alcune domande per verificare l'area:

- qual è la mia relazione col mondo spirituale?
- sono meditativo?
- sono sintonizzato con il mio io interiore?

Quadrato 9:
Area della fama e della reputazione

Elemento ....fuoco

Colore ....rosso

Organo di riferimento ....cuore, intestino

Ambiente della casa...........patio, portico

Fama significa anche illuminazione, non solo l'essere conosciuti da un vasto pubblico, ma anche avere ispirazione e ingegno. Questa area influenza la carriera e il progresso, perché l'aspirazione alla fama è il motore che muove l'energia nell'impegnarsi in quello che si fa. La stagione di riferimento è l'estate, perché una persona famosa è brillante come questo periodo dell'anno.

Come deve essere:

- deve avere oggetti che aiutino ad attrarre l'illuminazione, come per esempio quadri con un'ampia prospettiva;
- la luminosità deve essere sia naturale che artificiale, pareti e soffitti devono avere colori chiari e arredi di colori intensi;
- le persone ricche e famose tendono a espandere tale area;
- nelle chiese questa area è rappresentata dall'abside, dove è concentrata la luce e l'energia dell'illuminazione.

Se è mancante:

- si dipende dal pensiero degli altri e non si hanno sogni per il proprio futuro;
- non si va verso l'illuminazione e si tende a limitarsi;
- si hanno difficoltà ad avere promozioni sul lavoro, in quanto non vi è interesse a essere famosi.

Se è molto estesa:

- gli inquilini sono ben visti dalla comunità;
- è più facile diventare famosi.

Cosa mettere: oggetti che richiamino l'operato di persone famose, statue di artisti, quadri di pittori famosi, immagini di persone che costituiscono dei modelli da imitare per il successo ottenuto; è un'ottima zona per il salotto.

Alcune domande per verificare l'area:

- mi importa di ciò che gli altri pensano di me?
- vengo accettato per come sono fatto fisicamente?
- sono soddisfatto della mia vita?
- sto veramente seguendo il mio cammino?

Come procedere all'applicazione del Ba Gua

Il Ba Gua è uno strumento facile e versatile con cui analizzare la propria abitazione secondo il Feng Shui. Con la semplice sovrapposizione del Ba Gua alla piantina dell'appartamento, dell'edificio o solo della stanza presa in esame, si possono ottenere le informazioni sulle qualità nascoste di quel particolare ambiente, risolvendo in modo semplice e schematico problemi spesso legati al modo di rapportarsi al mondo e quindi anche al modo di vivere la casa.
Seguendo passo dopo passo tutte le indicazioni che vengono fornite, ci si potrà muovere dentro la casa con occhi e sensibilità più attenti del solito. I rimedi che vengono proposti sono solo piccoli accorgimenti che però, seguiti con attenzione, evitano pericolosi "ingorghi" o "dispersioni" di energia che potrebbero aumentare il senso di disagio e accentuare così problemi talvolta di facile risoluzione.

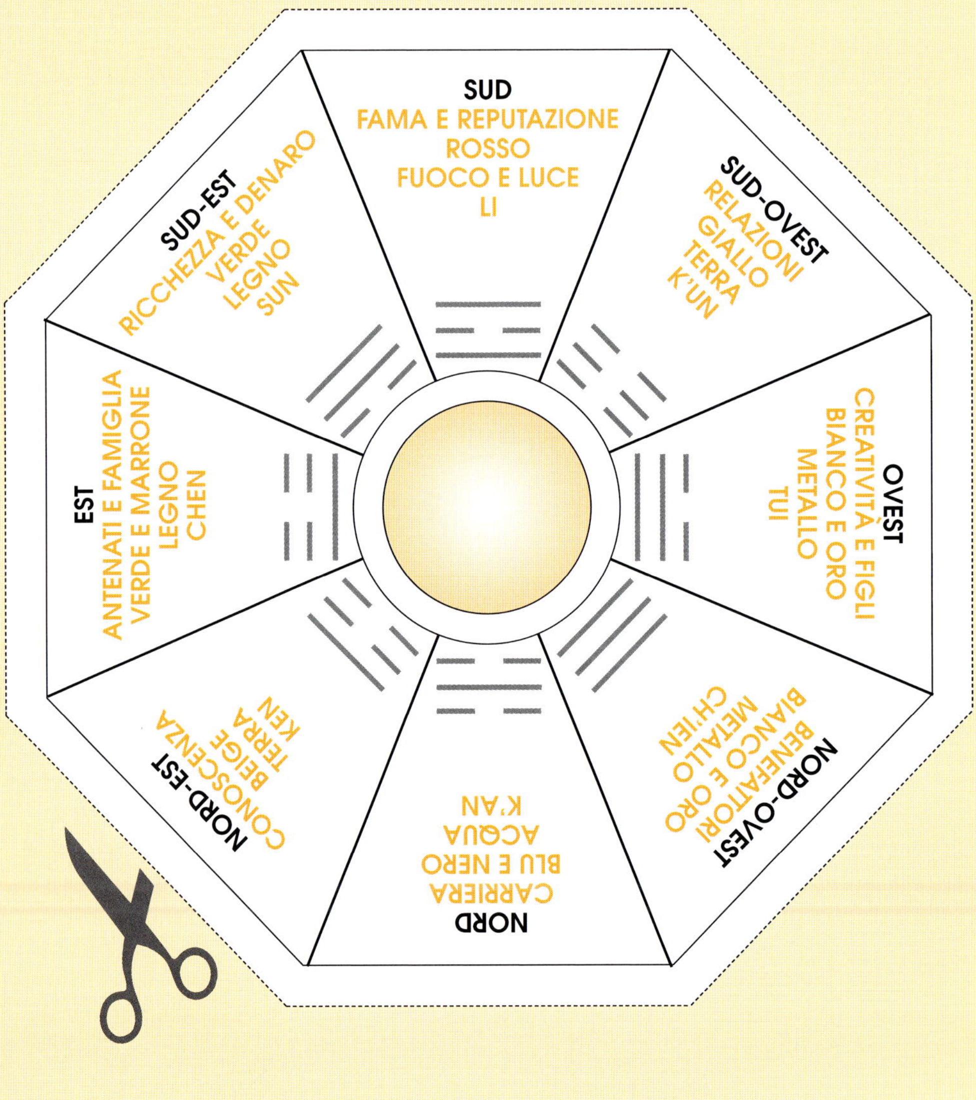

1. Disegnate la pianta che vi interessa (per esempio il vostro appartamento) su un foglio bianco.
2. Verificate con una bussola o con lo stradario la direzione sud nel vostro appartamento e annotatela sul foglio.
3. Sovrapponete al disegno la sagoma del Ba Gua disegnato su di un altro foglio o che avete schizzato direttamente sulla pianta dell'appartamento, avendo l'accortezza di far corrispondere il lato in cui si trova l'ingresso con il lato nord dell'ottagono.
4. Verificate a quali settori della vita indicati dal Ba Gua corrispondono i diversi ambienti del vostro appartamento.
5. Calcolate la direzione migliore e le altre tre direzioni più favorevoli per vedere a quale settore della vita corrispondono e come fare per migliorarli.
6. Se ci sono altre persone che abitano l'appartamento (partner, figli, parenti) può diventare interessante calcolare anche per loro la direzione migliore e quella più favorevole, restando inteso che la casa viene sempre e solo orientata secondo la direzione di un membro, solitamente il capofamiglia. Se invece si vuole analizzare la camera da letto di un componente della famiglia (ad esempio un figlio), si deve verificare la disposizione dei mobili in relazione ai vari settori di quella stanza, allineando comunque sempre il lato della porta d'accesso alla camera con il nord del Ba Gua.
7. Seguite ora l'esempio proposto per verificare di aver seguito le istruzioni in maniera corretta.

direzione	settore	colore	elemento	strumenti di miglioramento	oggetti
sud (Li)	fama e reputazione	rosso	fuoco e luce	legno	lampadari, appliques, piantane, candele
sud-ovest (K'un)	relazioni	giallo	terra	oggetti in coppia	tavolini, lampade, tende
ovest (Tui)	creatività e figli	bianco e oro	metallo	metallo	oggetti metallici, televisione, stereo che aumentano l'energia Yang
nord-ovest (Ch'ien)	benefattori	bianco e oro	metallo	campanelli eolici in metallo	oggetti metallici, ciotole
nord (K'an)	carriera	blu e nero	acqua	un acquario (meglio con pesci rossi e uno nero, sempre in numero dispari)	un oggetto che richiama l'acqua (una fontana, un quadro con un fiume o con il mare)
nord-est (Ken)	conoscenza	beige	terra	cristallo di rocca e ametista	oggetti in cristallo lavorati a mano
est (Chen)	antenati e famiglia	verde e marrone	legno	piante con foglie tondeggianti	foto di famiglia
sud-est (Sun)	ricchezza e denaro	verde	legno	fontana con acqua che va ad alimentare il legno	acquario

data di nascita	25 aprile 1993
sesso	femminile
numero Kua (Gua)	8
elemento	acqua
segno zodiacale	gallo
direzione migliore	sud-ovest
direzioni favorevoli	nord-est / nord-ovest

SUD

settore: fama, apprezzamento
elemento: fuoco
ambiente: bagno
commento: non va bene avere il bagno nella posizione della fama; è difficile raggiungere il proprio riconoscimento dal mondo quando c'è l'energia che scappa attraverso lo scarico del gabinetto
suggerimento: tenere chiusa la porta del bagno e bloccare l'energia su di essa mediante uno specchio o un'immagine che richiama il proprio scopo di vita

SUD-OVEST

settore: matrimonio e relazioni sentimentali
elemento: terra
ambiente: camera da letto
commento: esiste una perfetta corrispondenza tra il settore e l'ambiente; ottimo per creare legami profondi e duraturi
suggerimento: per aumentare la positività usare colori ed elementi che richiamano l'elemento terra

OVEST

settore: figli, progetti
elemento: metallo
ambiente: sala da pranzo
commento: ottima posizione per il ritrovarsi armonioso della famiglia a consumare i pasti, ma attenzione a non incentrare la propria vita solo sul cibo
suggerimento: collocare sulle pareti immagini che richiamino qualcosa che si desidera fare o avere, perché in questo modo si stimola l'avverarsi dei desideri e non ci si concentra troppo sul cibo

NORD-OVEST

settore: ospiti benefattori e amicizie
elemento: metallo
ambiente: salotto
commento: ottima posizione per l'ambiente dove di prassi si ricevono ospiti e amici; il settore ha un'ampiezza quasi doppia rispetto a tutti gli altri della casa: la vita della famiglia potrebbe essere portata a molti contatti sociali
suggerimento: non è il caso di potenziare ulteriormente l'energia di questo ambiente, poiché è già di per sé molto ampio

NORD

settore: carriera, viaggio della vita
elemento: acqua
ambiente: ingresso
commento: è il punto più corretto per avere l'ingresso di casa; il percorso dell'energia parte da questo punto per diffondersi in ogni ambiente
suggerimento: per potenziare l'energia in entrata si può posizionare uno specchio sulla parete a sinistra della porta di ingresso e avere una buona illuminazione dell'ambiente, che deve arrivare dall'alto

NORD-EST

settore: educazione e conoscenza
elemento: terra
ambiente: bagno
commento: esiste un doppio contrasto tra l'ambiente e il settore a esso corrispondente. Per prima cosa il bagno è caratterizzato dall'elemento acqua che è in completa opposizione con l'elemento terra; inoltre, la conoscenza e l'educazione se ne vanno facilmente con gli scarichi del bagno stesso
suggerimento: mantenere l'attenzione fuori da questo locale caratterizzando la parete esterna del bagno con colori terra, immagini che richiamano aspetti culturali (quadri, diplomi, arredi antichi) e anche mensole per libri; la parete in oggetto farà le veci del locale che non va bene

EST

settore: famiglia e salute
elemento: legno
ambiente: camera bambina
commento: ottima posizione per la camera della bambina i cui dati di nascita sono riportati nella tabella iniziale. È una bambina ben voluta nell'ambito della famiglia e favorita nella crescita dall'elemento legno
suggerimento: per stimolare l'energia di questo ambiente utilizzare colori della gamma dei verdi e arredi in legno con finitura naturale

SUD-EST

settore: ricchezza e benessere
elemento: legno
ambiente: cucina
commento: ottima posizione per questo ambiente. L'elemento legno alimenta l'elemento fuoco che caratterizza la preparazione dei cibi, che qui saranno cucinati in maniera sopraffina. Il cibo, inoltre, rappresenta la ricchezza per gli orientali, e la posizione della cucina in questo settore porta benessere alla famiglia che abita questo appartamento
suggerimento: illuminare bene l'ambiente e colorarlo con colori brillanti per favorire la circolazione della buona energia presente

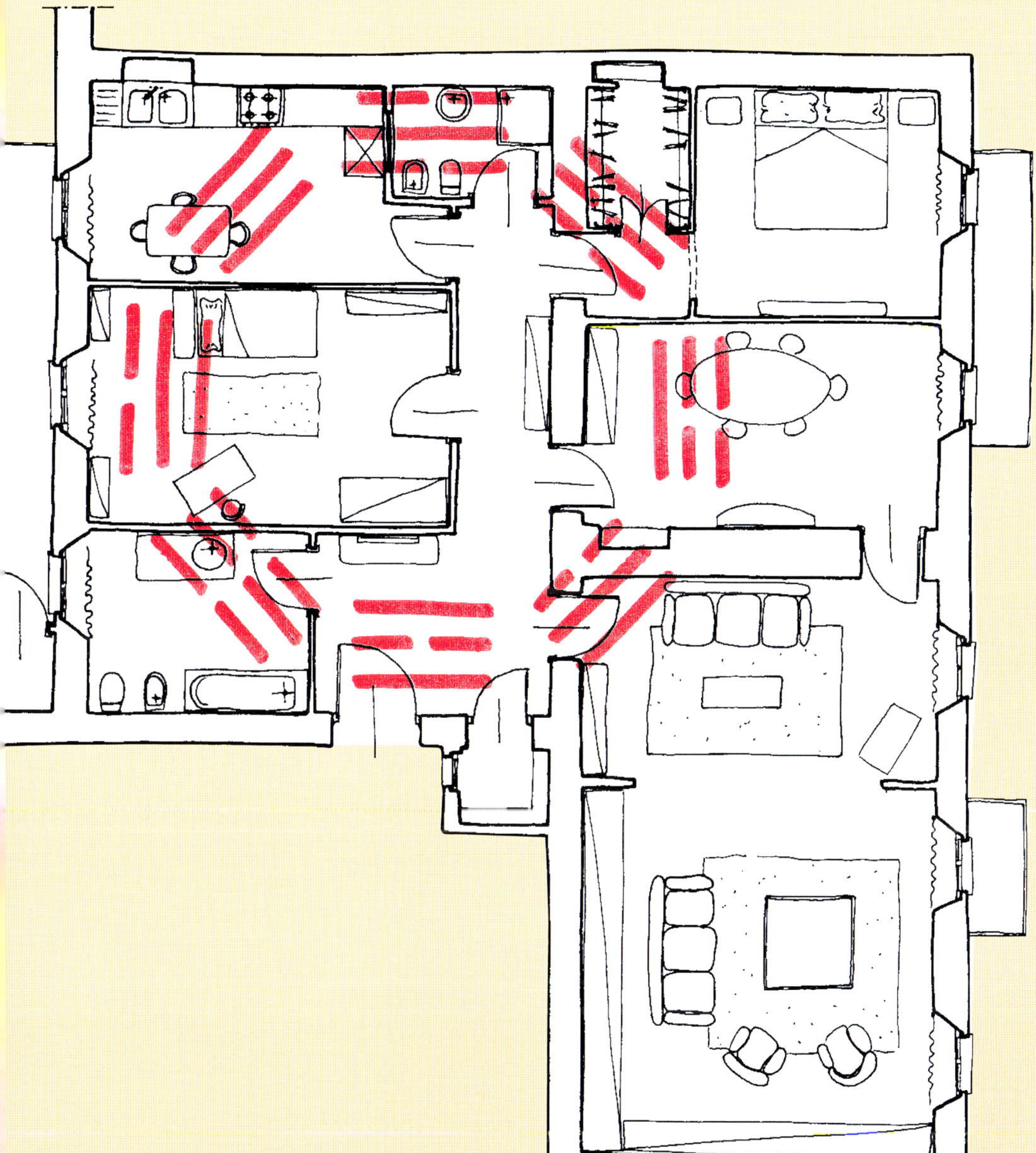

Il lato Nord del Ba Gua, corrispondente al settore carriera, viene sovrapposto alla porta di ingresso indipendentemente dall'orientamento effettivo della stessa. Di conseguenza non si tiene conto della corrispondenza tra i punti cardinali dei lati del Ba Gua e le reali direzioni cardinali dell'appartamento in analisi

La montagna rappresenta la stabilità, la fermezza e lo slancio verso l'alto; la sua immagine può equilibrare un ambiente, confermare un obbiettivo e ispirare la crescita professionale

I nove rimedi del Feng Shui

I cinesi indicano con il nome di "nove cure base" i nove rimedi o strumenti principali che l'arte del Feng Shui mette a disposizione per apportare correzioni a situazioni, che non sono armoniose o che in qualche loro aspetto creano intoppi al naturale fluire dell'esistenza.
La conoscenza di questi rimedi mette in condizione di sapere cosa fare di fronte a qualcosa che ostacola la felicità e il benessere.
Il rimedio a un singolo problema non sfrutta tutte e nove le cure base contemporaneamente, perché questo non risolverebbe la situazione, bensì la confonderebbe ulteriormente. Ogni cura, perché mostri i suoi effetti, va applicata singolarmente; solo in seguito se ne può introdurre una seconda per continuare il miglioramento oppure per provare un altro rimedio, qualora il primo non abbia funzionato.
Si opera in un campo in cui le variabili sono molte e non sempre quello che va bene per un ambiente o per una persona ha lo stesso effetto in una situazione analoga, ma in un altro luogo e con altri individui.
Per fortuna i flussi energetici hanno un linguaggio molto chiaro, se solo si dà ascolto alla propria sensibilità, piuttosto che cercare soltanto una spiegazione razionale a quello che capita tutti i giorni: seguire il proprio istinto è forse il rimedio più utile per rendere la vita in ogni istante più gradevole.

L'ordine e la pulizia

Per applicare i nove rimedi a un luogo, bisogna sempre iniziare con il riordinarlo, sgomberarlo e pulirlo.
Non si possono introdurre dei nuovi elementi in uno spazio che sia già completamente affollato di oggetti, perché la nuova energia non potrebbe muoversi e diffondere i suoi effetti.
Allo stesso tempo la pulizia e l'igiene sono molto importanti, poiché le energie pesanti dimorano prevalentemente nello sporco, soprattutto negli angoli meno accessibili, così come nelle stanze poco frequentate o utilizzate come ripostigli.
In genere è sufficiente la pulizia abituale degli ambienti per rimuoverne l'energia stagnante insieme con la polvere ed essere pronti all'immissione di una nuova ondata di vita.

Gli specchi

Come si è già detto, il Feng Shui con il termine specchio indica qualsiasi oggetto lucido e riflettente, come una superficie di ottone, acciaio levigato, ceramica e smalto lucido, utilizzato dove occorre respingere un flusso energico negativo. Qui per semplicità, la parola specchio viene usata nel suo significato abituale.
Gli specchi sono molto potenti, perché creano una realtà virtuale e possono concentrare l'energia in maniera molto forte; per questo più è grande lo specchio meglio è.
Lo specchio utilizzato come rimedio serve a:

- proteggersi dai flussi negativi, rimandando indietro l'energia nociva prodotta, per esempio, da uno spigolo, dallo spiovente di un tetto e da una vista poco piacevole, come quella di un ospedale o un cimitero;
- attrarre energeticamente l'ambiente circostante; in presenza di alcune caratteristiche del paesaggio particolarmente ricche di energia, come il mare, una montagna o un

prato fiorito, esse possono essere trasportate all'interno di un ambiente attraverso l'immagine riflessa di uno specchio, in modo tale che le persone che vi abitano possano fruire del loro favorevole Ch'i;

- amplificare una dimensione o un aspetto di un determinato ambiente, dando la sensazione di maggiore profondità o altezza a un locale, oppure aumentandone la luminosità per effetto del riflesso della luce, con un rafforzamento del flusso di Ch'i;

- equilibrare gli spazi negli appartamenti con planimetrie irregolari, attraverso l'illusoria creazione delle aree mancanti o squilibrate;

- raddoppiare tutto quello che si trova di fronte; uno specchio posto dietro alla cucina raddoppia il cibo, e quindi, simbolicamente, anche il benessere che esso rappresenta; uno specchio posto dietro il registratore di cassa raddoppia ogni banconota e, quindi, attira maggiore abbondanza e più vendite; posto dietro gli scaffali, raddoppia la quantità di prodotti offrendo alla clientela una scelta più ampia.

Caratteristiche, forme e dimensioni

Gli specchi dovrebbero essere sempre puliti, senza graffi o sbeccature; vanno perciò evitati gli specchi antichi e quelli molto opachi, perché hanno perso gran parte delle loro caratteristiche riflettenti.
La dimensione giusta degli specchi è in relazione allo scopo per cui vengono utilizzati; se la funzione è essenzialmente quella di proteggersi o riflettere un'energia indesiderata, va bene anche una superficie di ridotte dimensioni; se lo specchio deve, invece, produrre un determinato effetto ottico la dimensione deve essere proporzionata in modo da ottenere lo scopo desiderato.
In ogni casa dovrebbe esserci almeno uno specchio, grande abbastanza da permettere di specchiare la propria figura, dalla testa fino alla metà del busto. Attorno e sopra a esso, inoltre, bisogna avere uno spazio libero per non percepire un senso di limitatezza e di prigionia, dal momento che il corpo energetico è dotato di un'aura invisibile, che deve trovare posto per riflettersi.

Simpatica installazione di uno specchio nello stagno dei fenicotteri; il riflesso della sua superficie amplia lo spazio e modifica la realtà, anche per gli animali

Specchi con forme rotonde oppure ovali richiamano un tipo di energia Yin, tipicamente femminile, e quindi irradiano nello spazio un'atmosfera più morbida e armoniosa, mentre le forme quadrate o rettangolari hanno una valenza Yang, con effetti più dinamici e forti.
Mentre i primi sono più adatti a correggere delle situazioni, i secondi vanno molto bene per respingere energie nocive.
Perché il rimedio dello specchio agisca in maniera adeguata, infine, è necessario illuminarlo a sufficienza, altrimenti il suo effetto sarà completamente inutile; al buio gli specchi non riflettono.

Piccoli oggetti riflettenti

Piccoli oggetti metallici, quali medagliette o pendagli, agiscono come gli specchi. Se si deve affrontare una riunione difficoltosa, se si sta partendo per un lungo viaggio o se ci si è mossi in una direzione che rende agitati e inclini a incorrere in incidenti, si può indossare quest'oggetto riflettente per proteggersi e rimandare le energie negative.

Attenzione

Se si appendono alla parete delle piastrelline a specchio, si crea un modo permanente di riflettere la propria immagine a pezzi: ciò porta sfortuna, esattamente come l'antico proverbio che dice che rompere uno specchio porta sette anni di cattiva sorte.

I cristalli

I cristalli hanno la prerogativa di attivare l'energia, dal momento che riempiono gli ambienti con un arcobaleno di raggi, poiché suddividono la luce bianca, che li colpisce, nel suo spettro di colori. Storicamente i cristalli venivano indossati dai guaritori per potenziare le loro energie e le loro cure, mentre re e regine li incastonavano nella corona per essere al centro dell'attenzione, attirando su di sé l'energia circostante.

I cristalli hanno la capacità di assorbire l'energia presente e di rimandarla intensificata; quando in un'area l'energia comincia a diventare stagnante, la irradiano con una miriade di prismi colorati, che si riflettono sulle pareti e riempiono l'ambiente di una vivificante energia solare.
Per ottenere il massimo risultato occorre utilizzare cristalli lavorati bene e molto limpidi nella loro luminosità, con la superficie sfaccettata e solitamente prismatici, anche se ne esistono a forma di stella o di cuore.
I diamanti sono i cristalli più potenti e dalla forma più efficace; l'unico vincolo al loro utilizzo negli ambienti è rappresentato dal costo proibitivo per le dimensioni necessarie. I cristalli in commercio vanno comunque molto bene come cure per il Feng Shui.

Istruzioni per l'uso

La prima cosa da fare con il cristallo è pulirlo e purificarlo, lavandolo sotto l'acqua corrente fredda e visualizzando mentalmente il dissolversi di tutte le impurità in esso contenute.
Quindi, tenendolo in mano, bisogna chiedergli di avvicinarsi al proprio cuore per attivare l'energia del settore, per cui si vuole di utilizzarlo. Questa fase è molto importante, perché è il momento in cui si forniscono alla pietra le istruzioni su come deve lavorare.
A questo punto il cristallo viene appeso nell'ambiente interessato con un filo argentato o rosso e la sua energia lavora per un arco di tempo di circa tre mesi, prima di richiedere una nuova pulizia.
I cristalli possono essere utilizzati nelle abitazioni per molti scopi: correggere l'energia veloce di un corridoio troppo lungo, smorzare il Ch'i tagliente di uno spigolo, oppure attivare una stanza con poca energia. In questo caso il cristallo viene appeso nel vano finestra per catturare la luce esterna. Se l'ambiente è buio, il cristallo viene attivato ponendolo su di un piccolo specchio che funge da sorgente di energia.
In generale i cristalli possono essere utilizzati per tutti i luoghi che si vogliono armonizzare e arricchire con energia ristoratrice.
Bisogna badare solo a non utilizzare cristalli danneggiati o scheggiati, perché in questo caso l'energia riflessa crea confusione e inquietudine.

I suoni

Nella vita di tutti i giorni si viene bombardati da suoni, come il rumore del traffico automobilistico, delle sirene degli allarmi che si innescano, degli utensili usati nelle officine, che non possono essere considerati elementi portatori di tranquillità.
Al contrario spesso ci si scopre ad ascoltare l'ondeggiare del mare, i rumori del bosco o le fronde battute dal vento, il piacevole suono della natura che vive e fa sentire vivi.
Questi suoni, riproposti all'interno dell'abitazione, possono essere un altro efficace rimedio per favorire il benessere.
A riprodurre le armonie naturali sono i campanelli mossi dal vento, realizzati in vari materiali quali metallo, legno, conchiglie e, talvolta, anche pietra. Queste vibrazioni sonore ripuliscono l'atmosfera e assorbono le energie nocive della terra, che possono occasionalmente entrare nella casa.

Scacciaspiriti tailandesi appesi alle travi suonano quando sono sfiorati dalle correnti d'aria e alleggeriscono l'effetto incombente della struttura

Dove posizionare i campanelli eolici

Per collocare opportunamente questi rimedi si possono seguire queste indicazioni:

- appesi sulla porta di ingresso servono ad accompagnare l'energia in entrata e a informare chi abita nella casa che qualcuno sta per entrare;

La bandiera mossa dal vento rappresenta l'energia viva; pali con bandiere servono a riequilibrare situazioni in cui la mancanza di un elemento crea disarmonie o un calo del Ch'i

Il suono dei petardi

Il suono dei petardi, tanto amato dai bambini durante le feste, quanto poco dagli adulti che lo ritengono elemento di disturbo, è usato dagli esperti di Feng Shui per scacciare gli spiriti e liberare le case dalla loro energia indesiderata.

- dal momento che indicano anche il superamento di un confine, possono essere utilizzati per dividere singole aree della casa dal punto di vista energetico;
- per stabilizzare e trattenere l'energia, le strutture eoliche possono essere appese anche vicino alle chiusure dei balconi, alle uscite che portano al terrazzo e nelle verande invernali;
- i carillon, le ruote a vento, e tutto ciò che si muove, attivano e ridistribuiscono l'energia: se si forma un Ch'i troppo forte, per esempio in corrispondenza di un corridoio, queste strutture possono servire a rallentare e a distribuire l'energia;
- posizionati nell'area della casa relativa agli antenati, i campanelli possono smorzare i contrasti familiari.

La luce

Quando il sole sorge la vita riprende dopo la pausa notturna: la luce è energia e il sole è la lampada più potente, con il grande compito di stimolare l'energia vitale. La luce solare, infatti, regola l'attività di ogni singola cellula degli esseri viventi.
Il livello di illuminazione influenza lo stato d'animo delle persone e, di conseguenza, il tipo di energia che essi irradiano e con cui riempiono l'ambiente in cui abitano o lavorano.
Sapendo ciò, la luce può essere un efficace rimedio per tutte le aree che interessano gli aspetti della propria vita.
Prevalentemente si vive in ambienti chiusi, illuminati in modo artificiale, e troppo spesso si trascorre moltissimo tempo senza un vero e proprio contatto con il sole. Questo contribuisce a esaurire le risorse di energia e rende quindi fondamentale la corretta illuminazione degli spazi abitati, per mantenere elevata l'energia vitale.

Come usare la luce

Alcuni consigli possono aiutare a utilizzare al meglio per la propria energia la luce: gli ambienti dovrebbero poter avere la più ampia superficie finestrata possibile, in modo da poter usufruire al massimo della luce naturale;

- le lampade, utilizzate come complemento alla luce solare o come fonte autonoma, devono produrre luce calda e piacevole;
- bisogna utilizzare diverse lampade nei locali, in modo da poter scegliere l'intensità preferita di illuminazione;
- i faretti, poiché concentrano la luce in certe zone, e i lampadari di cristallo, poiché riverberano attorno la luce, aumentano il flusso del Ch'i, se correttamente posizionati;
- stanze basse e soffitti che provocano un senso di oppressione possono essere corretti con apparecchi che indirizzano verso l'alto la luce, come le piantane o le applique, preferibilmente alogene.

Le candele

Le candele emettono una bellissima luce e sono dotate di un'energia che evoca la compagnia: quando si accende un fuoco, tutte le persone vi si avvicinano perché la sua luce e le sue fiamme richiamano il calore e l'atmosfera di un grande abbraccio.
Le candele sono particolarmente indicate per stimolare le relazioni, la conoscenza e l'area della salute.

Il colore

Secondo il Feng Shui, i colori sono una grande fonte di aiuto per migliorare i settori della propria vita, poiché sono forme di energia e la loro vibrazione può modificare in maniera radicale la percezione di uno spazio; se si colora una stanza di blu, sembra più fredda, mentre sempre lo stesso locale appare più caldo, se dipinto di giallo.
I colori vengono impiegati in modo mirato per accrescere l'effetto che interessa avere da una stanza.
Per questo motivo, quindi, nello scegliere i colori, si deve tenere conto della destinazione del locale, della luminosità, dell'esposizione al sole, dell'arredamento e delle sue dimensioni.
A seconda dell'uso cui è destinata una stanza si possono scegliere colori dominanti e sostenerli con altri propri di elementi diversi.

I colori e le loro caratteristiche

Un elenco dei colori con le relative caratteristiche aiuterà a orientarsi, nella scelta di quello che si vuole ottenere con gli effetti cromatici.

Arancione: è un colore creativo, che rappresenta la gioia, la solidarietà, l'energia sia mentale che fisica; a seconda delle tonalità è più vicino all'elemento fuoco oppure terra. È appropriato per l'area delle relazioni, della conoscenza, della salute, dei benefattori e dei bambini.

Bianco: per i cinesi è il colore del lutto, quindi non viene molto usato. In occidente, invece, rappresenta la purezza, l'innocenza, il candore e l'apertura.
Usare troppo bianco nella casa può voler significare poca chiarezza di opinione, poiché ci si dimostra troppo aperti alle varie possibilità.
Il bianco è adatto all'area dei bambini, dei benefattori e della carriera.

Blu: rappresenta la spiritualità, il raccoglimento in sé, la considerazione e la cura; è un colore associato alla fede, alla costanza e alla lealtà.
Negli affari sottolinea le caratteristiche di affidabilità e onestà.
Collegato all'elemento acqua, va bene nell'area del benessere, degli antenati e della carriera.

Giallo: associato all'elemento terra, è un colore di riunione, che stimola l'energia mentale e rappresenta la saggezza.
In Cina era il colore riservato all'Imperatore e ai suoi discendenti, perché ritenuto il colore del controllo.
Il giallo si ricollega, inoltre, alla pazienza e alla tolleranza; è adatto all'area delle relazioni, della conoscenza, dei benefattori e dei bambini.

Grigio: nelle giornate grigie la vita non va molto bene; questo colore è associato alla paura e alla depressione.
Collegato all'elemento acqua, può essere usato con moderazione vicino alla porta di ingresso, nell'area della carriera, dei benefattori e dei figli.

Marrone: deriva dalla terra e rappresenta l'essere attendibile, stabile, fermo, pratico e ben radicato; è il colore adatto all'area della conoscenza, delle relazioni, dei benefattori e dei bambini.

Nero: è un colore potente, che rappresenta il denaro, dà potere, ma deve essere usato con moderazione.
Negli ambienti è il colore che assorbe di più e quindi viene utilizzato come equilibratore di colori sgargianti, piuttosto che da solo.
Collegato all'elemento acqua, è adatto alle aree della carriera, del benessere e degli antenati.

Porpora: è considerato dai cinesi un colore ancora più favorevole del rosso; appartiene idealmente ai filosofi, ai sognatori, agli scrittori e ai visionari e viene associato agli alti ideali, all'onestà, alla

Il colore dei cinque elementi

Il legno	simbolo della vita adolescente che cresce, della primavera, è rappresentato dal colore verde.
Il fuoco	fa riferimento alla luce, al sole, all'estate, ed è collegato al colore rosso.
La terra	descrive tutto ciò che è minerale, il suo simbolo è il colore giallo.
L'acqua	descrive tutto ciò che scorre, qualsiasi forma fluente, liquida, simbolo della notte, dell'inverno: i suoi colori sono il nero e il blu.
Il metallo	simbolo del tramonto e dell'autunno, della raggiunta maturità e della ricchezza, è richiamato dal colore bianco.

verità e all'amore; infatti, viene collegato ai martiri, coloro che sacrificarono la vita per gli alti ideali.
Si adatta al fuoco e va bene nell'area delle relazioni, della conoscenza e della fama.

Rosa: rappresenta l'amore e il sentimento ed è curativo nei confronti della rabbia; se ci si sente arrabbiati, bisogna pensare al rosa e subito ci si calma.
Si tratta di un colore molto salutare, poiché richiama la gioia, la felicità e l'amore romantico. Appartiene all'elemento fuoco oppure terra, a seconda dell'intensità, ed è adatto all'area delle relazioni e della conoscenza.

Rosso: è il colore della vita; richiama la crescita, la felicità, la gioia, la passione e la virtù.
Costituisce una grande sferzata di energia e rappresenta l'amore, quello passionale.
Le spose cinesi vestono di rosso perché porta fortuna, felicità e amore.
Legato all'elemento fuoco, va bene per accendere l'area delle relazioni, della conoscenza e della fama, ma non deve essere utilizzato in eccesso.

Verde: agisce come equilibratore dell'intero sistema dell'organismo umano; rappresenta l'equilibrio, l'armonia e la pace, è il colore della crescita e favorisce la guarigione e la tranquillità.
Usato in eccesso può essere un freno per lo sviluppo, in quanto l'eccessiva rilassatezza non è di stimolo alla risoluzione dei problemi.
Collegato all'elemento legno, va bene nell'area del benessere, degli antenati e della fama.

Gli oggetti

Ogni oggetto può essere utilizzato come rimedio per armonizzare un aspetto della vita, tenendo sempre conto del suo significato simbolico.
L'utilizzo dei simboli è antichissimo, ma ognuno ha dei particolari oggetti che carica di significati diversi e che in determinati momenti della propria vita utilizza come sostegno o stimolo delle sue scelte.
Gli oggetti, soprattutto se di una certa consistenza come statue o soprammobili in pietra, hanno un'energia Yang che aiuta a radicarsi in determinate situazioni.
Se la camera in cui si dorme, si trova sopra un locale non abitato, come un garage, il fatto di avere a fianco del letto una statua o un oggetto in pietra farà sentire più sicuri.
Allo stesso modo l'insicurezza data da un nuovo lavoro potrà ridursi mettendo un oggetto pesante o una statua vicino alla porta di ingresso.
In una relazione sentimentale che sta attraversando un momento di instabilità, si può indurre sicurezza ponendo una coppia di oggetti pesanti nell'area dei rapporti.

La presenza di immagini simboliche o artistiche richiama l'attenzione, e quindi l'energia, nell'ambiente; nella foto un dipinto cinese con l'ideogramma del Tao

Il sale e la stabilità

Il sale è una delle sostanze più dense di qualità Yang, può assorbire l'energia negativa e creare un'atmosfera di stabilità; lo si può mettere in una piccola ciotola in metallo o ceramica, posta nell'area relativa alla conoscenza oppure vicino alla porta di ingresso, e va cambiato ogni tre settimane.

I colori ci consentono di percepire oggetti uguali in maniera diversa; l'insieme delle tegole colorate di questa cupola movimenta la percezione del suo volume

Chiamati trompe-l'oeil o murales, i dipinti prospettici sulle pareti modificano la percezione dello spazio con piacevoli effetti d'illusione ottica; il loro impiego può trasformare situazioni di ristagni energetici con ottimi risultati

Accanto agli oggetti simbolici che ognuno può crearsi, ne esistono alcuni, come il quadrato, il cerchio e l'ottagono che sono universalmente conosciuti e che offrono una particolare energia:

Yin/Yang: simbolo dell'equilibrio delle due forze naturali che si completano a vicenda;

cerchio: simbolo del flusso eterno, poiché non ha né un inizio né una fine;

quadrato: rappresenta la terra, la materia e la stabilità;

cerchio nel quadrato: simboleggia il rapporto tra la terra, la materia e la stabilità, rappresentate dal quadrato, e il cielo, l'energia universale, evocata dal cerchio;

ottagono: emana armonia; si può trovare ancora oggi in molte decorazioni dei pavimenti o dei soffitti; viene considerato portatore di fortuna;

esagono: ha un forte effetto protettivo;

pentagono: se è in posizione eretta, simboleggia l'uomo come anello di congiunzione tra cielo e terra; se è a testa in giù, viene usato indebitamente per scopi magici.

Gli animali

La presenza di un sano e amorevole animale nella casa ha un influenza molto positiva sulla vita di chi ci abita.
La sua vitalità e il bel rapporto che si stabilisce con le persone fanno sì che l'atmosfera si riempia di vibrante energia, quando un cane, un gatto o un altro animale domestico condivide l'ambiente con degli uomini e delle donne.
Molti hanno fatto questa esperienza, che può essere energeticamente riattivata anche attraverso oggetti che ricordano gli animali, come per esempio fotografie, quadri e pupazzi di pezza.
Ogni animale ha una sua energia particolare e, quindi, sarà diverso anche il suo modo di relazionarsi con l'energia della casa.

Immagini di animali sulle chiese fungono da protettrici dell'energia del luogo

I cani portano con sé un'atmosfera di compagnia, sostegno e amore verso l'ambiente, mentre si dice che i gatti siano in grado di proteggere dall'influenza di spiriti negativi.
I conigli rappresentano il calore e le felici relazioni, mentre criceti e i topolini sono il simbolo della prosperità e della natura industriosa, per la loro abilità nel procurarsi abbondanti quantità di cibo.
I pesci hanno un rapporto meno diretto con gli uomini, ma la loro presenza nell'abitazione richiama il denaro, l'abbondanza e la felicità coniugale.
L'elemento acqua nel quale vivono, infatti, attiva il settore della ricchezza ed è un interessante specchio dell'energia che sta attorno: quando qualcosa non funziona, i pesci cominciano a muoversi in maniera strana, procedendo a scatti e, solo quando la situazione si è riequilibrata, riprendono a nuotare armoniosamente.
Gli uccellini cinguettanti attorno alla casa indicano che la zona ha una buona energia, mentre le rondini che fanno il loro nido sotto il tetto portano con sé la fortuna.
Immagini di animali per casa mettono in contatto con la loro energia, soprattutto se si tratta di specie che difficilmente si potrebbero tenere con sé.

L'elefante è protettivo e rappresenta il simbolo della forza, della saggezza e della prudenza.
La tigre simboleggia l'energia maschile e protegge la casa dai demoni e dalle presenze nocive. Immagini di leoni devono essere posizionate all'ingresso della casa, perché facciano da guardiani e rendano la vita più sicura.
Per i cinesi anche la memoria di animali mitologici, e quindi mai esistiti realmente, richiama una particolare energia nell'ambiente: i draghi sono animali celesti e con la loro potente energia proteggono gli occupanti della casa; la fenice, oltre a essere l'uccello che rinasce dalle ceneri a indicare il ciclo continuo della vita, è il simbolo della pace e della prosperità; l'unicorno, infine, è il mitico animale che rappresenta la longevità, la ricchezza, la gioia e la felicità dei bambini.

Le piante

Le piante rappresentano la vitalità della natura e la loro presenza attiva l'energia e porta a contatto con la terra e il verde; esse indicano la crescita e la pace della mente; sono uno specchio per situazioni difficili, in quanto dove una pianta non può vivere, non può star bene neppure una persona.
Se le piante continuano a morire vuol dire che non ci si prende cura della propria salute nella maniera corretta.
Una vegetazione sana e rigogliosa attorno alla casa indica che l'area ha un eccellente e sano Ch'i; al contrario, piante spoglie, con tronchi rovinati, sono indice di malessere e di distacco dalla natura.
Le piante possono essere collocate ovunque nella casa, perché favoriscono e stimolano ogni aspetto della vita. Sono inoltre molto utili per nascondere uno spigolo, ravvivare

La perfetta integrazione delle abitazioni nella natura favorisce il benessere degli abitanti

un angolo morto, assorbire le vibrazioni elettromagnetiche o rallentare l'energia troppo veloce.
Piante sempreverdi hanno un'energia più forte e ricordano la vitalità della natura in ogni momento dell'anno, ma anche piante a fioritura stagionale sono stimolanti con i loro diversi colori.
Piante con foglie arrotondate sono più armoniose nella casa, dove gli ambienti ristretti non consentono di mitigare l'effetto pungente dei cactus, che vivono naturalmente negli spazi sconfinati del deserto.
Le piante sono molto apprezzate, ma non bisogna collocarne troppe in casa, in maniera da non ritrovarsi ad abitare in una serra, anziché in un piacevole appartamento.
Ogni pianta richiama con la sua particolare natura una qualità, che può portare con sé nella casa. Le azalee e i rododendri si dice rafforzino la salute delle persone e assorbano l'energia che provoca i reumatismi e il mal di denti. Il bambù è il simbolo della longevità, così come i pini e le conifere, che sono anche di buon auspicio alla nascita di un bambino. Il gelsomino rappresenta l'amicizia, la magnolia rende una donna più dolce e più bella, mentre la peonia rafforza l'energia maschile. Il bonsai, infine, porta con sé l'energia di una pianta adulta e completamente sviluppata, e potenzia la salute e le finanze.
In ambienti con poca luce, l'energia delle piante può essere attivata mettendone di finte, realizzate in seta; la loro presenza sarà ugualmente favorevole, anche se con un impatto minore.
Sono, invece, da evitare in ogni modo le piante secche, poiché in quanto morte, non possono fornire il Ch'i.

Scacciaspiriti cinesi appesi all'interno del vano finestra suonano quando sono sfiorati dalle correnti d'aria e aiutano il movimento dell'energia negli ambienti, mantenendo lontani i flussi negativi

I SIMBOLI

Tutto quello che si vede intorno influenza il modo di essere di ciascuno, allo stesso modo in cui un cielo grigio in città rende tristi, mentre la vista di fiori fa sentire contenti e felici.
Col termine simboli si intende far riferimento a quanto invia all'uomo un messaggio che fa ricordare o rivivere un'esperienza e lo dispone a un determinato atteggiamento nei confronti di quello che sta vivendo.
Si immagini di entrare in una abitazione, nel cui ingresso vi sia una fotografia che ritrae una scena di caccia, con il cacciatore in posa con il suo trofeo; tale scena di morte e di sangue trasmette l'idea che il padrone di casa sia un tipo violento. Così, un quadro raffigurante delle montagne riporta nell'atmosfera limpida e tersa delle escursioni fatte in compagnia degli amici sulle alte vette.
Quasi sempre da quello di cui una persona si circonda si può facilmente capire come vive: un tale, per esempio, si lamentava di

avere pochi amici e che quelli che aveva andassero malvolentieri a trovarlo. Entrando a casa sua, però, si poteva notare immediatamente una stampa che ritraeva l'avaro, simbolo di chi dà con difficoltà e di conseguenza riceve in proporzione. Rimossa l'immagine e spiegato quello che rappresentava, la situazione andò man mano migliorando fino a risolversi completamente.
Molte immagini di acqua indicano una persona che è ancora alla ricerca del suo cammino di vita, mentre l'assenza di fotografie o ritratti denota un individuo depresso e solo. Appendere armi alle pareti dà un effetto duro e poco socievole, mentre se in ingresso ci sono due soffici gatti di pezza, viene trasmessa l'immagine di una persona dolce e incline alle gentilezze.
Si deve, comunque, fare molta attenzione ai simboli di cui ci si circonda, perché la casa è il proprio regno, il proprio santuario, il luogo dove ci si ricarica e rilassa nell'intimità e nulla deve essere di disturbo. L'abitazione deve accogliere in modo sicuro e caloroso, mai con aggressività.
Il Feng Shui indica, inoltre, i simboli che meglio possono attivare le varie aree della casa e di conseguenza della vita. Nell'ingresso va bene una vasca con tre pesci, nell'area della fama la foto di un progetto realizzato o la copertina di un libro scritto; in quella delle relazioni un'immagine con il proprio partner, nell'area del benessere un collage di soldi veri o un'immagine con l'acqua, mentre nell'area degli antenati un quadro di famiglia; nella zona della conoscenza un'immagine con montagne o elefanti, in quella dei benefattori ritratti di angeli o stelle, infine nell'area dei bambini le loro fotografie o una statua di Budda.

Dizionario del Feng Shui

Ba Gua

Gli otto trigrammi dell'I Ching, a cui sono ascritti otto caratteri relativi alla natura primaria, all'uomo e alle sue parti anatomiche, alle relazioni familiari e anche alle aree funzionali all'interno della casa. È il simbolo ottagonale dell'I Ching; si può sovrapporre questo ottagono alla pianta di una casa o a quella di un appezzamento di terreno, di un ufficio, di una stanza e anche di un arredo per diagnosticare gli effetti positivi o negativi dell'ambiente su chi vi risiede.

Chen

Uno degli otto trigrammi del Ba Gua, che rappresenta il tuono, l'est, la famiglia e la salute; è il segno del movimento, della velocità e della gioventù. Ha riferimento ai piedi; il suo numero è il 3.

Ch'i

Il "respiro cosmico" o energia che si trova nell'atmosfera, nella terra e negli uomini; corrisponde al "prana" degli indiani, al "pneuma" degli antichi greci; è il più importante principio che gli esperti di Feng Shui cercano di utilizzare per incrementare la felicità, la ricchezza e la vitalità.

Drago

Animale mitologico dell'astronomia cinese, simboleggia la primavera, l'est e anche la direzione e la parte sinistra del sito. Nel Feng Shui le vene del drago sono i movimenti dell'energia sul territorio

Feng Shui

Letteralmente si traduce con "vento e acqua", è l'arte cinese della sistemazione degli spazi, del riequilibrio e del miglioramento dell'ambiente.

Fenice

Animale mitologico dell'astronomia cinese, simboleggia l'estate, il sud e anche la direzione e la parte davanti al sito. Rappresenta l'alternarsi della vita e della morte, risorgendo dalle sue ceneri.

I Ching

Si tratta di un testo arcaico mistico di divinazione; è la radice del pensiero cinese, usato per predire la fortuna e per dare indicazioni guida. Questo testo offre saggezza e dipinge l'universo e il futuro dell'uomo in un costante fluire. I suoi trigrammi incorporano un'antica cosmologia che unisce la natura con l'uomo e forniscono una mappa metafisica in cui il destino umano è direttamente collegato a ciò che sta intorno a esso.

Lo Pan

È la bussola geomantica.

Lo Shu

Si tratta di un quadrato diviso in nove settori, anch'essi quadrati, numerati da 1 a 9 e disposti in modo tale che la somma dei numeri delle righe e delle colonne dia sempre 15.

Mantra

Canto rituale, accompagnato da un gesto simbolico che da un'intenzione o da un desiderio, può benedire o esorcizzare un luogo o un essere.

Ordine (o scuola) dei berretti neri

Ordine non ortodosso di Buddismo tantrico tibetano, che in Cina mescola il Buddismo tibetano e il Bon tibetano con credenze e pratiche indigene cinesi. In sé combina il Taoismo filosofico religioso, il Confucianesimo, i rituali e le tradizioni cinesi e il Feng Shui.

Pa Kua

Grafia alternativa di Ba Gua.

Scuola del compasso o della bussola

Scuola dell'Arte del Feng Shui che si basa sulla bussola geomantica, detta Lo Pan; pone meno attenzione alle condizioni orografiche, mentre reputa più importanti le direzioni, le costellazioni e le energie natali, che caratterizzano l'uomo sin dalla nascita.

Scuola della forma

Scuola più antica dell'Arte del Feng Shui che interpreta le energie per individuare il luogo ideale, dove situare la dimora, per mezzo di un metodo intuitivo in relazione alle forme presenti sul territorio.

Tai Ch'i

Chiamato anche "grande assoluto", è la monade che genera ogni forma vivente che, secondo il maestro della dinastia Sung, Chu Hsi, deriva dal nulla assoluto, all'origine di tutte le cose. Quando il grande assoluto fece il primo movimento, la sua energia diede origine allo Yang e dopo il riposo allo Yin.

Tao

È "la via", un concetto filosofico che rappresenta il modo in cui tutti i fenomeni accadono in maniera armoniosa nell'universo.

Taoismo

Si tratta sia di una filosofia che di una religione; come filosofia predica la trascendenza di ciò che è terreno attraverso il Tao e le leggi di natura, come religione popolare integra i costumi e la saggezza cinese con aspetti del folklore, dell'astrologia, della medicina omeopatica e del Feng Shui, per aiutare gli uomini a raggiungere il successo, la felicità e il benessere.

Tartaruga

Animale simbolo di longevità e protezione; rappresenta l'inverno, il nord e anche la direzione e la parte posteriore del sito, dove il suo guscio è la montagna che protegge l'abitazione.

Tigre

Animale attinto dall'astronomia cinese, simboleggia l'autunno, l'ovest e anche la direzione e la parte destra del sito. Rappresenta l'energia che irrompe, come l'animale che si avventa sulla preda.

Xue

Termine che indica il particolare posto dove è collocata l'energia migliore del sito secondo il Feng Shui.

Yang

Il "grande principio maschile" derivato dall'energia in movimento, dal "grande assoluto", Tai Ch'i; il principio maschile diede origine al cielo, mentre quello femminile formò la terra.

Yi

Rappresenta le intenzioni e i desideri, è la parte intuitiva del Feng Shui. In esso sono presenti le benedizioni, le meditazioni e le pratiche rituali, per correggere e modificare il Ch'i, quando questo è negativo.

Yin

Il "grande principio femminile" che segue, come l'espirazione segue l'inspirazione, lo Yang. Il principio femminile ha formato la terra, mentre quello maschile ha dato origine al cielo. Senza Yin non esisterebbe neppure Yang.

Yin e Yang

Simbolo della concezione taoista che unisce gli opposti. Nel suo continuo alternarsi di moto e quiete, il principio maschile, che stava sopra, diede origine al cielo, mentre quello femminile, che stava sotto, formò la terra. Ma Yin e Yang continuarono ad alternarsi in un eterno respiro, così a poco a poco, nacquero tutti gli esseri della terra, composti da entrambi i principi, quello maschile e quello femminile.

Bibliografia

David, Y., *Feng Shui: la casa in armonia col cosmo*, Torino 1993.

Eitel, E.J., *Feng Shui. The Science of Sacre Landscape in Old China*, Tucson, Arizona, USA, 1984.

Lam Kam Chuen, *Il manuale del Feng Shui*, Milano 1996.

Lin, J., *Contemporary Earth Design. A Feng Shui Antology*, Miami, Florida, USA, 1997.

Linn, D., *Lo spazio magico*, Milano 1998.

Lip, E., *Feng Shui. A Layman's Guide to Chinese Geomancy*, Union City, California, USA, 1987.

Lo, R., *Feng Shui and Destiny*, Leicestershire, 1992.

Merchionne, G., *I Ching. Un'antica arte divinatoria*, Milano 1997.

Meyer, H., Sator, G., *Vivere meglio con il Feng Shui*, Milano 1997.

Rossbach, S., *Feng Shui. Ancient Chinese Wisdom on Arranging a Harmonious Living Environment*, New York, USA, 1983.

Skinner, S., *Feng Shui. The Traditional Oriental Way to Enhance Your Life*, Bristol 1997.

Walters, D., *Feng Shui Perfect Placing for Your Happiness and Prosperity*, London 1988.

INDICE

Finito di stampare
nel mese di settembre 2002
presso le Grafiche Mazzucchelli S.p.A.
Settimo Milanese (Milano)

per

DVE ITALIA S.p.A.
20124 Milano – Via Vittor Pisani, 16